AF391503

LA

TRAITE DES BLANCS,

OU LE

CRI DE DÉSESPOIR D'UN DÉTENU POUR DETTES,

CONTRE LA CONTRAINTE PAR CORPS.

*La liberté individuelle est la plus
précieuse de nos libertés.*

Cet ouvrage est également déposé chez tous les propriétaires des lo-
caux maçoniques.·,

Chez Mme BRUNEL, rue de Seine-Saint-Victor, n° 28,

Et chez l'Auteur, à Sainte-Pélagie.

LA
TRAITE DES BLANCS,

OU

LE CRI DE DÉSESPOIR

D'UN DÉTENU POUR DETTES,

CONTRE LA CONTRAINTE PAR CORPS,

Par J.-B.-P. Brunel,

Ancien Avocat-Avoué,

Dédiée aux Amis de l'humanité;

ET SUIVIE DE

Poésies sur le même sujet, et sur la Liberté,

Par NESTOR DE LAMARQUE.

PARIS,

ASTIER, LIBRAIRE-ÉDITEUR, RUE SAINT-LOUIS, N° 47,
ET CHEZ TOUS LES MARCHANDS DE LIVRES NOUVEAUX.

—

1830.

IMPRIMERIE DE DONDEY-DUPRÉ,
rue Saint-Louis, n° 46.

LA
TRAITE DES BLANCS,

OU LE

CRI DE DÉSESPOIR D'UN DÉTENU POUR DETTES,

CONTRE LA CONTRAINTE PAR CORPS.

INTRODUCTION.

LE cri de désespoir que je pousse contre la contrainte par corps, et que je veux faire entendre à tous les philanthropes auxquels je dédie mon ouvrage, n'est pas dirigé seulement contre la législation en vertu de laquelle je suis arrêté ; il a également pour but de faire connaître les vices de la nouvelle loi qu'on voulait faire promulguer l'année dernière, et qui fut adoptée par la Chambre des Pairs dans la séance du 21 mai 1829.

Ce n'est pas pour fléchir mon incarcérateur que je me fais entendre ; c'est pour convaincre tous les bons Français, amis de nos institutions nouvelles, qu'il y a incompatibilité entre ces institutions et toute loi qui consacrera un principe antipathique à celui de la liberté individuelle.

Des philosophes, des moralistes, des légistes ont déjà écrit et écriront encore contre l'affreuse contrainte par corps. Les uns ont demandé l'abolition d'un usage barbare consacré par nos lois, les autres se sont bornés seulement à désirer qu'on en modifiât les rigueurs.

Je veux prouver, dans mon indignation, que le titre seul d'une loi sur cette matière doit révolter tout homme digne d'être libre. Je suis compétent pour me plaindre ; je suis, j'ose le dire, une des victimes malheureuses d'un principe atroce !... Philanthropes français et étrangers, écoutez-moi ; je vais m'élever contre les lois qui autorisent *la traite des blancs*. Le projet que la chambre héréditaire avait adopté l'année dernière doit, dit-on, servir de base à la nouvelle loi qui sera présentée à la session prochaine du corps législatif : c'est donc contre ce projet que je dirigerai le plus particulièrement ma censure. Vous me pardonnerez si mes plaintes vous paraissent quelquefois incohérentes ; vous vous souviendrez que je suis en prison, et que là il me serait trop difficile de me livrer à une discussion approfondie : mon but est de me plaindre des maux que j'endure. On est toujours certain de faire arriver le cri du malheureux à l'ame des êtres sensibles.

J'entre donc en matière sans autre avant-propos.

§ 1ᵉʳ.

DE LA CONTRAINTE PAR CORPS EN MATIÈRE COMMERCIALE.

ARTICLE PREMIER. Les pairs de France décidèrent, le 21 mai 1829, jour néfaste, « que la contrainte » par corps serait prononcée contre toutes personnes » condamnées pour dettes commerciales au paiement » d'une somme de deux cents francs et au-dessus. »

Aucune voix généreuse ne se fit entendre contre cette déclaration. On se borna à reconnaître en principe, « que la contrainte personnelle ne peut » être légitime ; qu'elle est contraire à la dignité de » notre nature et aux garanties consacrées par la » Charte ; qu'il ne peut pas être permis à l'homme » de prendre en gage la personne d'un autre homme, » et de demander hypothèque sur la liberté pour de » l'argent ; que les lois ne doivent pas se borner à » protéger les malheureux contre les injustices du » riche, mais qu'elles doivent aussi les défendre » contre leurs faiblesses et contre la vengeance d'au- » trui ; que la société ne réclame pas en sa faveur » des moyens qui sont en contradiction avec la na- » ture ; qu'en effet rien ne peut être utile aux na- » tions que ce qui est juste ; que la loi divine, la » loi naturelle ayant créé les hommes frères, un » frère ne peut pas tenir son frère dans l'esclavage ; » que celui qui méconnaît cette vérité est sourd à la » voix de Dieu, qui lui a dit que l'esclavage est in-

» compatible avec la religion ; que l'homme n'a pas
» le droit de disposer de la liberté de son semblable
» plus que de sa vie ; que la liberté et la vie sont
» d'un trop haut prix pour que des intérêts de ri-
» chesse puissent jamais en commander l'abandon ;
» et que, par conséquent, celui qui exerce la con-
» trainte par corps commet un véritable homicide. »

Les usuriers seuls, qui ont usurpé le titre de négociant, peuvent s'élever contre de si légitimes rai-
rons. On a dit aussi : « Toutes les infamies sont la
» conséquence de cette usure atroce, qui saisit le
» corps et ôte la liberté à la créature de l'Éternel. »

Mais au lieu d'exciter une noble indignation,
l'adoption du principe de la contrainte par corps fut
d'abord soutenue par un ancien ministre dont on ne
parlait plus, et qui aurait bien fait, dans cette circonstance, de garder le silence auquel depuis long-
tems il s'était condamné. Au lieu de partager l'opinion du haut commerce de la France, il voulait que
la contrainte par corps pût atteindre celui-là même
qui n'aurait emprunté que cent francs.

Si j'avais été pair de France, je me serais permis
de dire à l'ex-ministre : « Si, au lieu d'avoir succédé
à votre père, riche négociant à Bordeaux, vous aviez
été obligé d'emprunter cent francs pour travailler,
et que le malheur eût voulu que, faute de pouvoir
rembourser cette somme, on vous eût emprisonné
pour dette, vous ne seriez pas devenu ministre. Au
lieu d'être pair de France, vous végéteriez aujour-

d'hui dans un comptoir, où l'on vous permettrait de dire que *un et un font deux ;* car, malgré vos mœurs et votre probité, auxquelles, M. Portal, je me plais à rendre hommage, vous ne seriez considéré que comme on considère tous ceux qui ont été emprisonnés pour dettes : vous subiriez les conséquences d'une position pénible, dont vous n'avez pas redouté de vous déclarer le soutien. »

Ce langage véhément aurait été parlementaire ; et alors les pairs de France auraient sans doute répudié une base d'où il serait résulté que pour deux cents fr. perdus dans une fausse spéculation un père de famille, emprisonné, aurait vu sa femme et ses enfans mourir de faim et de misère, et que les tribunaux de commerce auraient continué à rendre des arrêts de mort.

Pour triompher des principes d'une saine morale, il fallut persuader aux hommes qui se lassent de toutes les discussions, que la contrainte par corps devait être conservée dans l'intérêt du commerce. C'est par ces mêmes insinuations que la France aurait été dotée en 1829, comme elle le fut, en l'an 6, par la Convention nationale ; le mal avait été fait quand le bien était si facile à faire !

Mais sont-ils négocians ceux qui ont osé dire que l'esclavage doit être la conséquence de la profession la plus libérale?... Non, sans doute. Qu'ils cessent donc de se dire des hommes libres ; qu'ils fassent cause commune avec ces insensés qui regrettent le régime de la Bastille. Les amis de la liberté doivent leur défendre de venir se mêler dans leurs rangs.

Qu'ils entrent à Sainte-Pélagie, ces prétendus négocians, qui se disent aussi les protecteurs du commerce ; et ils verront que la loi contre laquelle je fulmine n'atteint presque toujours que des non-négocians ; qu'elle est une prime donnée à l'usure, d'une part, et à la vengeance, de l'autre ; que c'est à l'aide de cette loi que les usuriers spéculent sur l'imprévoyance de l'âge et sur la fougue des passions ; qu'elle peut servir de prétexte à la perte de la liberté d'un citoyen honorable, en donnant raison au despotisme contre l'imprudence, et à la cupidité contre la faiblesse ; qu'enfin notre maison d'arrêt pour dettes est le vaisseau sur lequel on traque des Européens dont on veut favoriser la traite, au mépris de ce principe immuable : « La liberté individuelle est » la plus précieuse de nos libertés !..... » La contrainte par corps peut donc, à juste titre, être appelée *la traite des blancs.*

J'ai poussé mon cri contre le principe, je le continuerai contre ses conséquences. Je connais le respect que je dois à nos législateurs ; mais ce respect ne serait que bassesse et lâcheté s'il était dans le cas d'éteindre ma voix. Puisse-t-elle retentir sous les voûtes des palais Bourbon et du Luxembourg ! Le gouvernement l'a promis : cette année on fera appel à César du jugement rendu par César.

§ II.

DES FEMMES ET DES MINEURS.

Art. 2. L'article 2 de la loi nouvelle fut rédigé dans les mêmes termes dont on s'était servi dans la loi du 15 germinal an 6.

On avait défendu de soumettre à la contrainte « les femmes et filles non légalement réputées mar-» chandes publiques; les mineurs non négocians, » qui ne sont point réputés majeurs pour fait de leur » commerce; les veuves et héritiers des justiciables » des tribunaux de commerce, assignés devant ces » tribunaux en reprise d'instance, ou pour action » nouvelle en raison de leur qualité... »

Personne ne pouvait s'opposer à des exceptions en faveur de ce sexe aimable, qui fait éprouver à M. Portal, comme à tous les hommes sensibles, « les » douces émotions du cœur, auxquelles il est si doux » de céder! » On ne voulut pas aussi qu'un mineur vînt mourir dans son bas âge à côté du vieillard que la loi ne respectait pas; que l'on pût ensevelir dans la prison la veuve désolée qui pleure encore sur le tombeau de son époux, qu'un inexorable créancier a laissé mourir dans les fers; que les héritiers de la veuve payassent de leur liberté le chagrin d'avoir vu mourir leurs père et mère dans l'insolvabilité.

De pareilles horreurs ne pouvaient pas trouver de

panégyristes dans la chambre héréditaire. La loi de l'an 6 avait tracé la route que les pairs de France ont suivie. Ils nous ont fait la grâce de ne pas s'en écarter. Ils ont tous partagé avec M. Portal « les » douces émotions du cœur, auxquelles il est si doux » de céder ! » mais ils ont en même tems oublié les devoirs que l'homme a contractés envers Dieu, de défendre ses faibles créatures : ils ont laissé subsister la contrainte par corps contre les femmes et les mineurs patentés. Celle qui nous porta dans son sein, qui dirigea les pas de notre enfance, et qui ne cesse de nous donner l'exemple de toutes les vertus du cœur; celui qui fait son premier pas dans la société, dont il ne connaît pas encore les artifices, ne devraient, dans aucun cas, être soumis à la contrainte personnelle. La dette contractée par la femme est faite, presque toujours, pour nous secourir; celle que l'on fait souscrire au mineur n'est que trop souvent le fruit de sa faiblesse.

§ III.

DES NON NÉGOCIANS.

Art. 3. Une amélioration avait été proposée, et elle fut rejetée, toujours sous le vain prétexte de vouloir favoriser le commerce. On demandait que les lettres de change n'entraînassent la contrainte par corps que contre les véritables négocians.

En adoptant cet amendement, et en le rendant applicable aux détenus actuels, on aurait fait de la loi discutée par les pairs de France une loi réparatrice : mais on aima mieux nous refuser le bienfait promis, et toujours retardé, depuis onze ans ; encore une fois, on ne voulut pas marcher franchement dans le chemin des libertés publiques.

Un noble pair, le comte Siméon, qui avait eu pitié des malheureuses victimes de la contrainte par corps, n'est pas certainement classé au nombre de ces législateurs qui font de larges concessions à l'opinion philosophique ; cependant il ne voulait pas « qu'on donnât à la lettre de change l'effet magique » de transformer en une dette commerciale une dette » qui ne l'est pas, au point qu'aussitôt qu'on l'a » écrite on est dévoué à la prison. » Il voulait, au contraire, que l'art. 631 du Code de commerce ne fût pas abolitif des art. 112 et 636 du même Code, qui, dans tout son esprit, ne qualifie du titre de lettre de change, que l'acte qui est consenti de négociant à

négociant, ou pour cause commerciale. « Ainsi la
» liberté n'aurait pas dépendu d'une formule que le
» créancier peut dicter à son débiteur, et le com-
» merce aurait été délivré d'une fausse monnaie qui
» l'infecte plutôt qu'elle ne le sert. »

D'ailleurs, on l'a dit aussi dans la discussion, « le
» commerçant n'ayant presque jamais dans son por-
» tefeuille des lettres de change de non-négociant, le
» commerce ne souffrirait pas de l'amendement pro-
» posé, qui détruirait au contraire ces prêts usu-
» raires et immoraux, sources de tant de désordres
» et de malheurs! Il n'empêcherait point les prêts
» que les négocians se font entre eux, puisque, quel-
» ques formes qu'ils emploient, ils sont toujours
» appuyés de la contrainte par corps, comme s'il
» s'agissait d'une lettre de change, qui, dans toutes
» les hypothèses, n'en a pas le caractère, par exem-
» ple lorsqu'elle est souscrite par des femmes, filles,
» ou mineurs non négocians. »

Ces vérités ne pouvaient être combattues que par
des contre-vérités qui sont écrites, et que je veux
rendre comme je les ai senties en les lisant. Quels
que soient les inconvéniens qui accompagnent souvent les prêts d'argent, ont semblé dire les partisans de la contrainte par corps, l'intérêt des usuriers
exige qu'on leur permette de placer leurs capitaux.
L'article 2 de la loi, concernant les femmes et les
mineurs, n'aurait pas été adopté, si beaucoup de
femmes non-marchandes publiques, si beaucoup de

mineurs, si un grand nombre de veuves pouvaient
signer des lettres de change. Dans ce cas, la loi aurait permis d'entasser dans la même prison, femmes,
filles, veuves et enfans qui, par le seul fait de leur
signature à des lettres de change, se seraient rendus justiciables des tribunaux de commerce et passibles de la contrainte par corps. Nous savons bien
que les tribunaux de commere ne font jamais l'application de l'article 112 du Code, et que les cours
royales l'éloignent souvent de leurs décisions. C'est
égal, nous avons déjà assez accordé. L'usure, le dol et
la fraude ne pourront pas se réunir contre les femmes
et les enfans, à qui nous avons donné appui et secours : cette concession est assez large pour que
d'autres individus ne viennent pas s'en prévaloir.

C'est pourtant sur de pareils raisonnemens, que
l'on avait autorisé la contrainte par corps contre tous
les individus qui signeraient des lettres de change.

Ainsi nous aurions vu, comme par le passé, les
fripons derrière le rideau, cachés par les tiers-porteurs qui leur auraient prêté leurs noms, et qui,
non moins fripons que l'usurier, auraient argué de
leur bonne foi pour obtenir la sentence cruelle.

L'époux bénévole aurait continué d'être l'esclave
de son épouse adultère; le mauvais père aurait trouvé
le moyen de rétablir la lettre de cachet pour faire
emprisonner son fils; le fils aurait rédigé lui-même
l'acte qui aurait autorisé l'abus de la puissance pa-
ternelle, qu'on n'aurait invoquée que parce que l'a-

mant n'aurait pas voulu trahir le serment qu'il aurait prêté à la jeune beauté qu'il aurait séduite.

On n'aurait pas cessé de voir à Sainte-Pélagie, à côté de trente négocians emprisonnés pour dettes, deux cent vingt individus étrangers au commerce, et arrêtés pour avoir fait un mensonge que la loi adoptée par les pairs de France, inhumaine dans son principe et dans ses conséquences, aurait favorisé.

Cette loi pouvait pourtant être placée à l'abri de ce reproche, si l'amendement proposé avait été adopté. C'est ainsi qu'on aurait dit affirmativement ce que l'on avait cru y introduire par des explications ; car je suppose que, par la suite, les tribunaux admissent la preuve des quatre suppositions prévues par le Code de commerce, le rejet de l'amendement n'aurait servi qu'à compliquer la réalisation d'un vœu, qui n'avait été émis que parce qu'il est reconnu que les lettres de change souscrites par des non-négocians renferment toutes, sans aucune exception, les quatre suppositions prescrites par l'article 112 du Code de commerce.

On aurait donc mieux fait d'annuler, sans aucun détour, la disposition rigoureuse dont la loi était entachée : ce n'est que de cette manière qu'on parvient à obtenir des lois qui sont ensuite sanctionnées par l'expérience, et qui ne cessent jamais d'être en harmonie avec les mœurs des peuples à qui on les donne et qui s'y soumettent.

Je ne veux pas m'étendre davantage sur le droit

qui serait accordé aux usuriers, si tous les signataires de lettres de change étaient soumis à la contrainte personnelle : qu'il me suffise d'ajouter que
cette concession barbare serait toujours la source de
mille et mille procès; qu'elle a été l'œuvre du fisc,
des procureurs, des agréés, des gardes du commerce
et des huissiers, qui se sont réunis pour la faire ap-
prouver.

J'espère que les pairs de France, mieux instruits
qu'ils ne le furent l'année dernière, et les députés
des départemens, qui n'ont jamais trahi le mandat
de faire respecter nos droits, imprimeront à mes
faibles pensées le cachet de leur génie, et donne-
ront à la loi que nous attendons un caractère d'uti-
lité qu'elle n'aurait pas eue si on ne leur avait pas
fait apercevoir les vices dans lesquels on était tombé
pendant la dernière session.

§ IV.

DES VIEILLARDS.

Art. 4 et 6. Voulait-on rendre le commerce anti-national ? on ne pouvait pas trouver de meilleur moyen que celui de consacrer dans la loi : que la contrainte par corps, en matière commerciale, renfermerait, contre les vieillards, des exceptions à la loi civile, qui veut « que tous les Français qui ont atteint leur soixante-dixième année ne soient plus passibles d'être contraints par corps. »

Si la loi avait été promulguée telle que la chambre des pairs l'avait adoptée, les vieillards auraient été emprisonnés s'ils avaient été tireurs, accepteurs ou donneurs d'aval sur des lettres de change ; on les aurait même fait mourir en prison, s'ils avaient souscrit de simples promesses ou des billets à ordre qui auraient eu pour cause des opérations de commerce ; c'eût été par grâce qu'on aurait mis un terme à leur captivité lorsqu'ils auraient atteint l'âge de soixante-douze ans, comme si deux années n'étaient pas un siècle pour des septuagénaires !

Ces dispositions de la loi ne semblaient-elles pas dire au vieillard : « Si tu as été assez heureux pour dépasser le terme que la plupart de tes amis n'ont pu franchir, il sera permis à tes ennemis de te précipiter dans un tombeau dont tu pourras toi-même contempler l'horreur, et de te punir d'avoir trop vécu !...

Le peuple le moins civilisé frémirait d'un pareil langage, et ce n'est là pourtant que l'interprétation de
l'article 4 adopté par les pairs de France. C'est la
preuve que toutes les fois qu'on cherchera à régulariser des lois inhumaines, les législateurs s'écarte-
ront de la vraie route ; ils ne pourront redevenir les
interprètes de l'opinion que lorsqu'ils se renferme-
ront dans les préceptes divins, qui leur imposent
l'obligation de ne jamais rien faire d'injuste.

Hommes sensibles, lisez, sans aucune prévention,
les articles 4 et 6 de la loi qui a été sur le point de
nous être donnée : vous reconnaîtrez avec moi que
l'on ne s'y était occupé des vieillards que pour qu'il
fût possible de les précipiter dans Sainte-Pélagie.
Encore une fois, nous dit-on, on n'a pas voulu que
les intérêts des tiers pussent être compromis ; encore
une fois, de mon côté, je répliquerai qu'on pouvait
faire la même objection contre les femmes, les filles,
les veuves et les mineurs. On serait, à leur égard,
dans la même impossibilité de reconnaître le sexe et
l'âge des signataires de l'obligation ; d'ailleurs, les
priviléges de la vieillesse devaient être aussi sacrés
que ceux de la minorité. L'homme qui parcourt une
longue carrière a souvent deux enfances à redouter :
protégeons l'une et respectons l'autre : ne permettons
pas que l'homme accablé sous le poids de l'âge et
des infirmités aille mourir à l'école du malheur, où
il ne lui serait plus utile de recevoir des leçons.

§ V.

DES CATÉGORIES.

Art. 5..... Des catégories auraient été établies : l'usurier qui n'aurait prêté que 5oo francs et au-dessous, aurait tenu pendant une année sa victime dans l'esclavage !..... Mais comme il lui aurait été facile d'élever son intérêt de 20 sous de plus, son débiteur serait resté dans sa dépendance pendant deux années, et suivant l'occurrence, pendant le courant d'un lustre.

Les catégories furent demandées au nom du commerce..... Malheureux commerçans !..... on voulut vous classer parmi ces êtres pour qui le mot de liberté est un épouvantail, parmi ces êtres qui trouvent que Sainte-Pélagie n'est jamais assez peuplée. Aussi l'on a surnommé cette maison la Bastille moderne.

Toutes les lois à catégories sont, selon moi, de fort mauvaises lois; à bien plus forte raison, elles sont insoutenables lorsque la base de ces catégories repose sur le plus ou le moins d'argent emprunté. De quelque manière que l'action de l'emprunteur soit qualifiée, le caractère de l'emprunt est toujours le même; qu'il soit de 5oo francs ou de 100,000, tout est relatif.

Le porteur d'eau mu par la mauvaise foi se contente d'emprunter 200 francs, parce qu'on ne voudrait pas lui prêter davantage; mais son action est aussi répréhensible que l'action d'un banquier qui reçoit 100,000 francs qu'on lui apporte sur son comptoir : le degré de culpabilité, s'il y a un coupable, se juge selon les circonstances plus ou moins aggravantes du fait matériel, dont ces circonstances sont l'accessoire.

Ne voyons-nous pas chaque mois, pendant la session des assises, un vol de 5 francs puni de vingt ans de fers, tandis que la violation d'un dépôt nécessaire de 100,000 écus n'a entraîné que deux ans d'emprisonnement? Je le répète encore, cela s'explique par les circonstances qui entourent l'action du condamné. Pourquoi donc violer un principe qui doit être toujours le même dans tous les cas où il faut l'appliquer?

Si je place le non-paiement dans l'hypothèse la moins favorable, et que je le considère comme un quasi-délit, il est certain qu'en cette qualité les catégories devraient lui être appliquées; mais s'il n'est ni délit, ni quasi-délit, pourquoi le punirait-on d'une peine plus forte que celle qui lui serait applicable dans la première des suppositions? C'est qu'on a voulu penser sous un gouvernement constitutionnel ce que les despotes de l'an VI pensèrent sous le régime de leur république imaginaire; c'est qu'on n'a pas voulu aborder avec franchise la loi d'abolition de la contrainte par corps.

Ce ne sera qu'en proposant cette abolition, qu'un ministère dirigé par un Polignac ou un Château-

briant, par un Bignon ou un Sébastiani, par un Vil-
lèle ou un Martignac, prouvera son amour pour les
institutions que le roi législateur nous a données, et
que son auguste frère a consacrées par son serment,
et qu'il forcera ainsi ses amis et ses ennemis à con-
venir qu'il veut réellement l'exécution de la Charte.

Voyez l'effet des catégories en matière de contrainte par corps : à côté de l'homme sans éducation
et sans mœurs qui n'aurait pas redouté d'emprunter
5oo francs à un père de famille qui les lui aurait
confiés à 5 pour 100, on verrait un malheureux mé-
canicien dont la machine aurait été dévorée par les
flammes, et qui aurait emprunté 5o1 francs pour
acheter les matériaux nécessaires à son invention ; le
premier ne resterait qu'un an en prison, et l'autre
n'en sortirait qu'après l'expiration d'une seconde année. Ici ce serait un malheureux colporteur qui aurait acheté pour 3,ooo et quelques francs de marchandises, que des voleurs de grand chemin lui auraient ensuite enlevées ; et ce colporteur coucherait
dans un dortoir où il serait à côté d'un débiteur coupable, qui aimerait mieux demeurer en prison pour
s'approprier le bien d'autrui que de se libérer pour
être libre. La différence qu'il y aurait entre les deux
emprisonnés se trouverait dans ce que le débiteur
coupable ne serait tenu en prison que pendant trois
ans, tandis que le colporteur, à la bonne foi duquel
son créancier n'aurait pas voulu croire, y resterait
pendant quatre années.

Tout le monde conviendra maintenant que l'importance de la dette doit se mesurer bien moins à la quotité qu'à la position respective du débiteur et du créancier ; 100 francs, pour un portefaix, représentent une valeur plus considérable pour lui que 100,000 francs pour un prince.

Les catégories, en matière de contrainte personnelle, seraient aussi injustes que les catégories dont on avait doté la France, ou dont on voulait la doter encore dans des temps de douloureuse mémoire.

§ VI.

DE LA CONTRAINTE PAR CORPS EN MATIÈRE CIVILE.

Art. 7. Les savans auteurs du Code civil des Français se placèrent au-dessous de leur ouvrage, quand ils entachèrent leur code immortel d'un titre qui le dépare, celui de la contrainte par corps en matière civile : ils seraient restés dignes d'eux-mêmes, s'ils avaient proscrit à jamais l'usage de ce terrible mode d'exécution. Les dispositions de l'article 2063 n'avaient pas été conçues pour subir des modifications.

Le moyen était simple, il fallait prévoir dans le Code pénal tous les cas qui peuvent motiver une peine quelconque : on ne se croirait pas autorisé aujourd'hui à venir proposer une loi régulatrice d'un mode qui aurait été raisonnablement proscrit. Les mots de contrainte par corps, relégués dans notre législation commerciale, n'y auraient été conservés que parce qu'il faut réellement exercer des moyens préventifs contre les négocians qui suspendent leurs paiemens ou qui déposent le bilan de leur faillite.

On voit que je vais devenir plus sévère que ne le sont les partisans de la contrainte par corps. Cela doit être, puisque je n'ai vu qu'une subtilité dans la distinction que font nos légistes entre le délit et le quasi-délit, et que, d'ailleurs, j'ai toujours pensé que lorsqu'il s'agit d'une peine, c'est au juge à l'ap-

pliquer, au ministère public à la requérir, et jamais
à la partie lésée à exercer l'acte de vengeance légale.

Quel est l'homme juste qui critiquerait une loi
pénale contre l'individu qui se rendrait coupable de
vendre ou hypothéquer un immeuble dont il saurait
ne pas être le propriétaire ; qui présenterait comme
libres des biens hypothéqués, ou qui déclarerait des
hypothèques moindres que celles dont ses biens seraient chargés ?

Nous applaudirions tous à la punition des dépositaires, consignataires, séquestres, commissaires ou
gardiens infidèles ; des officiers publics, notaires,
avoués ou huissiers, qui ne voudraient pas représenter leurs minutes et restituer les titres et deniers
qu'on leur aurait confiés.

Personne ne s'intéresserait au sort des retention-
naires des deniers publics.

L'unanimité des vœux se réunirait, au contraire,
pour que tous les quasi-délits fussent classés dans la
catégorie des délits punissables, suivant le plus ou le
moins de gravité d'un fait qui porterait l'empreinte
d'un abus de confiance.

M'objectera-t-on que par ce moyen la vindicte publique seule serait satisfaite ? que les parties lésées
n'auraient aucun moyen de coaction pour se faire
payer ? Je répondrai par des raisons sans réplique :
ou le condamné serait insolvable, ou il aurait soustrait toutes ses ressources à son créancier ; s'il était
insolvable, pourquoi aggraver son insolvabilité par

une détention inutile? s'il avait soustrait son avoir et que la chose fût bien prouvée, pourquoi ne le condamnerait-on pas comme voleur ou spoliateur? Voilà ce qui se pratique en Angleterre, où on soumet tous ceux qui ont causé du dommage à autrui à une peine légale, lorsqu'ils ont faussé le serment d'insolvabilité qui leur est déféré, pour devenir libres.

Pourquoi prolonger la captivité de celui qui ne compromet pas sa conscience en jurant devant Dieu qu'il est dans l'impossibilité de payer ce qu'il doit? Pourquoi n'appliquerait-on pas une peine répressive à celui qui aurait fait un faux serment? Le parjure alors serait un crime semblable au faux témoignage; celui qui ne craindrait pas de mentir devant Dieu ne mériterait pas que l'on s'intéressât à son sort : la peine qu'on lui infligerait ne pourrait jamais être trop sévère.

Il est donc de toute évidence que la contrainte par corps n'est pas plus utile en matière civile qu'en matière commerciale. En matière civile, celui qui s'est approprié, par abus de confiance, le bien d'autrui est nécessairement coupable; en matière commerciale, celui qui suspend ses paiemens est malheureux ou de mauvaise foi : dans le premier cas, tous les créanciers devraient s'empresser de venir au secours de leur débiteur, tandis que, s'il avait calculé sa fraude, on le ferait condamner comme banqueroutier.

Il est tems, on le voit, de faire disparaître de notre législation tout ce qui est relatif à la contrainte par corps ; il est tems de soumettre le non-paiement à des investigations rigoureuses : ce n'est qu'ainsi que l'on parviendra à faire condamner les débiteurs de mauvaise foi, qui ne paient pas leurs dettes ou les dommages qu'ils ont causés.

On est maintenant convaincu qu'en m'élevant contre la contrainte par corps, je ne veux pas favoriser la fraude : je cherche, au contraire, le moyen de la prévenir. J'ai pour but l'intention de faire rendre à l'autorité judiciaire tout ce que les lois sur la contrainte lui avaient enlevé; je veux que l'emprisonnement, sous quelque forme qu'on le demande, ne soit ordonné et exécuté que par les magistrats, qui sont impassibles dans l'intérêt du roi et de la société, tandis que les créanciers lésés sont toujours irrités, et que l'homme qui est irrité aime la vengeance.

Je m'indigne de voir qu'on avait fixé pour la dette civile un délai de coaction plus long que pour la dette commerciale. Cependant on avait reconnu que, dans aucun cas, nos lois sur la contrainte par corps n'avaient jamais fixé de délai plus long que celui de cinq ans. Pourquoi donc a-t-on dépassé ce délai rigoureux, en cherchant à améliorer des lois barbares ? N'avait-on pas dit que ce n'était qu'en faveur du commerce, qu'il était nécessaire de consacrer un principe en opposition avec nos mœurs ? On n'a donc pas voulu s'apercevoir que la question avait été déplacée; qu'en voyant dans la dette civile quelque chose de plus grave que dans l'emprunt commercial, il aurait fallu faire ce que je viens d'indiquer; il aurait fallu déclarer que le stellionat et les violations de dépôt seraient désormais classés au nombre des délits, et punis, par conséquent, d'une peine correctionnelle.

Répondra-t-on qu'on a laissé au juge une latitude qu'il n'avait pas dans l'ancienne loi? J'en tirerai toujours la même conclusion : qu'on n'a voulu rendre à la justice qu'une partie du droit que seule elle devrait avoir, et que la vengeance d'un simple citoyen usurpe. D'ailleurs, ne doit-on pas se plaindre de ce qu'on a dépassé dans la fixation du tems de détention le terme le plus long d'emprisonnement que le Code pénal applique aux délits de la nature de cèux où je veux classer le quasi-délit? Ce serait la plus absurde des contradictions que de détruire la contrainte par corps en matière commerciale, et de la laisser subsister en matière civile. Le remède est trouvé : tous les délits ou les quasi-délits doivent être punis; mais il ne faut pas rendre la loi complice de la vengeance des méchans.

§ VII.

DES ÉTRANGERS.

Art. 8, 9 et 10. La France continuera-t-elle à être considérée comme une terre hospitalière?... Il faut lire sans prévention les dispositions législatives que la Chambre des Pairs avait adoptées relativement aux étrangers.

De même que tous les autres articles de la loi que j'attaque, ceux qui sont relatifs aux étrangers ont été basés sur de faux principes. On avait considéré le sujet d'une autre puissance comme une propriété qui est hypothéquée pour garantir le paiement de celui qui a prêté son argent.

Mais voici l'erreur : l'immeuble est une garantie matérielle, vendable de sa nature, et qu'il est permis d'échanger contre de l'argent monnayé. Il n'en est pas de même de la personne d'un homme. Dans l'ancien comme dans le nouveau régime, nos lois ont été, comme elles le sont encore, des lois de liberté; elles nous défendent d'aliéner notre personne. Tout ce qu'elles ont reconnu *d'aliénable* en nous ne se rencontre que dans nos facultés intellectuelles; eh bien! on paralyse ces facultés, si on exerce contre un individu la contrainte personnelle.

Quand on me dit que l'intérêt des régnicoles doit faire consacrer par nos lois la détention provisoire à l'égard des étrangers, c'est comme si l'on me disait que la morale de toutes les religions ne repousse pas les trafics que des législateurs profanes ont permis contre la liberté des humains. Est-il moins coupable aux yeux de Dieu celui qui vend un homme d'une couleur différente de la sienne, que celui qui engloutit dans une prison son semblable dont il croit avoir à se plaindre ? Européen, Africain, Américain, quelle que soit la créature de Dieu, il faut la respecter et la protéger de la même manière. Les souverains sont, par une heureuse fiction, la justice personnifiée ; ils ne doivent donc pas avoir deux balances. Les étrangers, comme les régnicoles, sont égaux aux yeux de l'équité. Qu'on ne cherche donc pas à établir une ligne de démarcation entre le Français et l'Anglais, entre le Navarrois et l'Espagnol, entre le Corse et l'Italien. L'uniformité des lois en assure la durée : la raison et l'humanité ont toujours été d'accord sur ce point, dans tous les pays civilisés.

Si un régnicole prête de l'argent ou fait des fournitures à un étranger, il n'ignore pas qu'il traite avec un homme qui peut quitter le sol français avant que la loi ait pu l'atteindre. S'il croit qu'il pourrai mieux placer ses fonds en les prêtant à un Français, pourquoi ne donne-t-il pas la préférence à son compatriote ?

Mais c'est encore l'usure qui calcule sur la liberté d'un étranger, d'autant plus malheureux quand il es en prison, qu'il ne peut pas y être secouru par se parens ni par ses amis.

Le voyageur qui vient visiter la France sans apporter avec lui des lettres de crédit pour des banquiers bien famés, a besoin, quand les communications sont interrompues avec son pays par le mauvais tems ou par d'autres circonstances, de s'adresser à des usuriers pour se procurer de l'argent. La nécessité le fait adhérer à toutes les conditions qui lui sont imposées; il souscrit l'obligation qu'on lui dicte, et, quelques jours après son acte de condescendance, on vient le sommer de se rendre en prison, au moment où il croyait pouvoir spéculer à l'aide de l'argent qui lui avait été vendu bien cher, et qu'il n'avait accepté que pour chercher à gagner son existence.

J'ai consulté le greffier de la geôle de Sainte-Pélagie pour connaître la qualité des incarcérateurs qui, depuis la loi de floréal, ont fait écrouer des étrangers dans la prison pour dettes; j'ai appris que la plupart de ces incarcérateurs sont des maîtres d'hôtels garnis ou des tailleurs, quand ce ne sont pas des juifs ou des usuriers. Les uns et les autres ne doivent leurs créances qu'aux moyens odieux qu'ils ont employés pour les faire souscrire. L'usurier n'a donné que 1,000 francs, et il s'est fait faire un titre de 2,000 écus; le tailleur a fait payer 120 francs un habit de drap brûlé, qui n'en valait pas 30; le maître-d'hôtel a fourni une bouteille de vin de Surène pour une bouteille de vin de Bordeaux, et a exigé 5 francs de ce dont il n'aurait osé demander à un Français que 35 centimes.

Ces usuriers, ces juifs, ces tailleurs, ces maîtres-d'hôtel se constituent, à l'instant même, les juges de leur propre cause. Porteurs d'un titre commercial, ou d'une simple obligation, ils présentent requête au président chargé des référés; ils obtiennent l'ordonnance de l'arrestation provisoire, et leur débiteur est arrêté à l'instant même. La loi adoptée par les pairs de France disait bien, il est vrai, que le créancier serait tenu de se pourvoir, dans la quinzaine, en condamnation définitive; mais cette amélioration n'était qu'apparente, parce que le débiteur n'aurait pas les moyens de se faire défendre devant le tribunal où il serait assigné : s'il avait eu de l'argent, il n'aurait pas contracté de dette. Les frais auraient aggravé sa position, et dépassé la somme sur laquelle il comptait pour sa libération : c'est ainsi que le malheureux aurait été forcé de rester de deux à dix ans en prison. Les maîtres-d'hôtel de Paris ne ressemblent nullement à ce bourgmestre du théâtre, qui reconnaît l'exagération de la carte à payer que, lui-même, il avait faite en double qualité de traiteur et de juge.

En me faisant entendre en faveur des étrangers, j'ai pris la résolution de prouver que l'amélioration que l'on croyait avoir introduite en décidant que l'arrestation provisoire ne pourrait pas durer plus de quinze jours, n'était qu'une fiction : on avait permis à l'étranger de requérir son élargissement, dans le cas où son créancier n'aurait pas demandé, dans le délai prescrit, une condamnation definitive. Mais si l'étranger avait été sans argent, comment aurait-il introduit son référé? Les huissiers se laissent plutôt attendrir au son de l'argent monnayé que par les larmes de celui qui souffre.

Peut-être même que la jurisprudence interprétative de la loi nouvelle aurait consacré, après la promulgation de cette loi, que celui qui ne se serait pas pourvu pendant la première quinzaine de son arrestation, ne serait plus recevable dans sa demande après l'expiration de cette quinzaine. Quelques-uns de nos juges ont eu jusqu'aujourd'hui la tendance de donner tort à celui qui souffre dans notre prison. La meilleure raison qui leur était donnée était toujours celle du créancier. Leurs jugemens contre les détenus pour dettes étaient tous expédiés sur le même patron : tu dois, tu as tort; tu te plains de l'usure, il fallait avoir de l'argent, et tu n'aurais pas été obligé d'emprunter; tu es insolvable, meurs de faim en prison.

Mais puisque la loi sur la contrainte par corps doit être une nécessité pour nous autres pauvres Français, qui nous croyons libres, pourquoi avait-on traité plus sévèrement que nous les étrangers, qui ne viennent pas nous visiter pour trouver l'esclavage dans un pays libre?

D'après l'art. 9 de cette loi, qu'on avait appelée loi d'amélioration, l'étranger resterait quatre ans en prison, quand le régnicole ne pourrait y être retenu que pendant deux années; l'étranger serait captif pendant dix ans, quand le Français aurait recouvré sa liberté à l'expiration d'un seul lustre!... Pourquoi cette différence?...

Sommes-nous ainsi traités dans le pays étranger?... Un Français empruntant d'un Hambourgeois ou d'un Américain est-il pour cela contraignable par corps, à Hambourg ou dans les États-Unis d'Amérique? Le Français insolvable, nourri chez un maître-d'hôtel anglais, est-il retenu en prison, après son serment d'insolvabilité, dans le pays rival de notre prospérité et de notre industrie? Refuse-t-on à notre compatriote de se mettre en faillite ou en cession de biens? Ah! s'il n'est pas permis à nos voisins de réclamer le droit de réciprocité, pourquoi leur a-t-on refusé l'avantage qu'ils réclamaient d'être traités pár nos lois de la même manière que nos lois nous traitent?

L'auteur de la proposition qui précède d'une année la présentation du projet, l'honorable M. Jacquinot de Pampelune, qui ne repoussait pas le principe de la contrainte par corps, avouait pourtant que si le principe de cette contrainte envers les étrangers ne peut être méconnu, il devait être modifié, en ce sens que les étrangers jouiraient, quant à la durée de leur détention, du même avantage que les nationaux.

Ce ne serait que par une subtilité nouvelle qu'on viendrait dire aux étrangers qu'ils sont assimilés aux

Français, parce qu'on les a placés dans la catégorie des nationaux qui sont arrêtés pour dettes civiles : ce serait comme si on voulait les rendre reconnaissans de ce qui avait été fait pour eux quand ils seraient arrivés à leur soixante-dixième année.

Quand on a soixante-dix ans, on ne sort pas du sol de la patrie. Celui qui veut mourir aux lieux qui l'ont vu naître n'attend pas la décrépitude pour retourner dans ses foyers.

Ainsi la loi nouvelle ne ferait rien en faveur de ceux qui devaient tout attendre des vertus d'un peuple qui se pique d'être hospitalier.

Tous les bons esprits reconnaissent que c'est à tort que la jurisprudence avait consacré que les étrangers seraient retenus jusqu'à parfait paiement de leurs dettes. Les plus grands partisans de la contrainte par corps ont eux-mêmes proclamé, à la tribune de la pairie, l'erreur où étaient nos juges sur ce point. Allez, ont-ils semblé dire à ceux qui étaient restés captifs pendant les plus belles années de leur vie, retournez dans votre pays d'où l'on ne vous a tenus éloignés que par une erreur judiciaire, nous vous dispensons de la reconnaissance; nous vous permettons même, en vous éloignant, de maudire vos juges égarés, qui ne pourront répondre à votre malédiction que par leur axiome : « Les hommes ne » sont pas infaillibles; » axiome qui ne serait pas si souvent invoqué si ceux qui font les lois et ceux qui sont chargés d'en faire l'application voulaient, une fois pour toutes, se pénétrer de cette vérité, qui devrait être gravée dans leur ame : « On ne craint » point de se tromper lorsqu'on se prononce pour » l'indulgence. »

J'ai encore à faire entendre en faveur des étrangers, quelques mots qui n'échapperont pas à la pénétration des philanthropes des deux Chambres, et qui auraient dû retentir l'année dernière à la tribune de la Chambre héréditaire.

Lorsque Napoléon, dans sa vengeance contre les Anglais, fit adopter la loi du 10 septembre 1807, ce n'était pas pour favoriser les usuriers qu'il se détermina à présenter cette loi ; c'était une loi toute politique qu'il voulait avoir ; c'était la tyrannie qu'il voulait organiser contre les ennemis qui l'ont fait mourir. Eh bien ! si on n'y prend garde, on pourrait se servir du même moyen contre les véritables amis de la liberté. Le malheureux qui viendrait chercher en France un refuge contre la tyrannie, ne trouverait chez nous qu'un horrible esclavage ; un avide créancier, peut-être même un adroit diplomate, consentiraient à devenir des geoliers soldés par les despotes qui feraient un crime à leurs sujets de leur amour pour l'indépendance.

J'aurais été trop loin si j'avais cru à une arrière-pensée de la part de l'autorité qui nous donne des lois : on aperçoit facilement les déceptions lorsque toutes les opinions ont le droit de se faire entendre. J'aime donc à croire que si les pairs de France n'ont pas fait une loi digne d'eux, digne des Français, c'est que leur discussion avait pris une direction opposée à celle qu'il fallait lui donner. La loi aurait été bonne si on avait compris les nécessités de notre époque, si l'on s'était bien pénétré de cette maxime éternelle, et adoptée depuis que le monde existe : « Ne tolère contre qui que ce soit ce que tu ne vou-» drais pas qu'on tolérât contre toi-même. » La richesse et la pauvreté ne changent pas les penchans de l'homme, ils sont partout les mêmes.

Ces principes immortels, une fois pour toutes bien reconnus, doivent faire introduire dans nos codes toutes les améliorations demandées. Déjà nos législateurs ont proclamé le principe de la réciprocité ; ils ont détruit le droit d'aubaine, en admettant les étrangers à recueillir en France les héritages qui leur adviennent. Pourquoi ne proscriraient-ils pas une contradiction que le gouvernement impérial, conséquent avec lui-même, introduisit dans nos lois ?

Puisque nous sommes Français, et que nous avons la prétention de passer pour le peuple le plus civilisé du monde, donnons aux autres peuples l'exemple d'obéir à tous les sentimens que la nature nous a inspirés, et que notre éducation a fortifiés : le côté gauche et le côté droit de nos chambres législatives doivent être unanimes sur ce point ; ils doivent vouloir que les Français et les étrangers soient et restent libres tant qu'ils ne se rendront pas coupables de crimes ou de délits. La liberté ne doit-

elle pas être le premier de tous les biens pour le
peuple le plus généreux de la terre, pour ce peuple
qu'on peut calomnier, mais qui ne se laissera jamais
avilir, et qui a été le premier à rendre un hommage
éclatant au principe de la fraternité des nations ?

§ VIII.

PRÉTENDUES AMÉLIORATIONS FAITES A LA LOI DE GERMINAL.

ART. 11 et suivans. Des philanthropes sans éner-
gie disent avec un air de satisfaction, comme s'ils
avaient remporté une grande victoire : la nouvelle
loi proscrivait l'action du parent qui ne craignait pas
de priver de la liberté son parent ou son allié, elle
rendait un hommage sincère à l'union qui doit toujours régner dans les familles; d'après ses disposi-
sitions bienfaisantes l'arrestation du débiteur n'aurait
été désormais définitive que lorsqu'elle aurait été
sanotionnée par les cours d'appel; le mari et la
femme ne se seraient plus trouvés simultanément en
prison pour la même dette; l'activité des deux époux
n'aurait pas été paralysée dans le même moment;
on n'aurait plus vu les exécuteurs des mandemens de
justice méconnaître la voix de celui qui aurait demandé sa comparution devant le magistrat; le débiteur écroué aurait joui des mêmes avantages dont
jouissait celui qui n'avait pas encore franchi la porte
du terrible greffe; tous les paiemens qu'un débiteur
incarcéré aurait opérés auraient été imputables sur
les causes de la contrainte et de l'emprisonnement,
ce qui aurait dérogé à la règle générale relative aux
imputations de paiement; celui qui aurait eu en
possession le tiers de sa dette et une caution pour
le restant, n'aurait pas été retenu en prison, sa li-

berté lui aurait été rendue pour un an, à la charge
par un tiers de s'engager à payer solidairement avec
lui, la dette qui avait motivé l'arrestation à l'expiration du même délai d'un an ; les créanciers ne
se seraient plus concertés pour tenir leur victime en
prison au-delà du maximum de peine qui était fixé
par la loi ; l'incarcération du débiteur aurait purgé
en même tems de la contrainte pour toutes les dettes
contractées antérieurement à l'arrestation ; les dispositions du Code de procédure civile sur l'emprisonnement n'auraient plus été entravées par des dispositions particulières ; la jurisprudence sur la contrainte
par corps aurait cessé d'être contradictoire.

Qu'ils m'écoutent ces optimistes, et ils convien-
dront avec moi que le bord de la coupe à laquelle
on voulait nous désaltérer était entouré du miel de
la déception. Je n'aurai pas beaucoup de peine à
leur en donner la preuve.

Art. 11. Le mari n'a jamais fait emprisonner sa
femme ; la femme n'a jamais ouvert les portes de la
prison à son époux ; le père est toujours père ; le
parricide fait horreur ; les frères ennemis sont hon-
teux de leur inimitié : les prétendues améliorations
étaient donc inutiles. S'il a existé sur la terre des
maris qui ont sacrifié leurs femmes légitimes à des
concubines ; si l'on a vu des femmes adultères con-
trariées dans l'exécution de leur méfait par la présence de leurs époux ; s'il a été possible à un père
d'abuser de la puissance qu'il tient de Dieu ; si des

frères ennemis ont existé et existent encore sur la terre, ces époux coupables, ces pères cruels, ces fils barbares, ces frères ennemis trouvaient toujours des prête-noms, qui se qualifiaient du titre de tiers-porteurs, et ceux-ci faisaient exécuter, en faveur de leurs complices, la contrainte par corps, que l'époux, que le père, que le fils, que les frères n'avaient pas osé obtenir en leur nom : les mauvais parens se cachaient toujours derrière le rideau. Ainsi on continuerait à voir, dans les prisons pour dettes, des maris et des femmes victimes d'un adultère combiné; des fils qui, sous le prétexte de correction, seraient placés par leurs pères dans une école dangereuse pour la jeunesse; des frères et sœurs qui seraient encore poursuivis en exhérédation par leurs frères et sœurs; des fils..... des pères..... je m'arrête !... Voilà pourtant ce que ces tiers-porteurs ne craignaient pas de favoriser; voilà ce qui se verra tant que la contrainte par corps ne sera pas abolie.

Art. 12. Un point controversé est expliqué d'une manière catégorique : la disposition relative à la contrainte par corps serait toujours sujette à l'appel ; voilà qui est positif. On laisserait au débiteur malheureux un peu plus de tems pour se recueillir, mais la contrainte par corps n'en serait pas moins exécutée. Cette voie atroce de se venger serait toujours laissée à la volonté du méchant, qui ne pardonne pas au malheur; les dommages-intérêts seraient refusés en appel, lorsque la contrainte par corps aurait été mal appliquée en première instance, parce que les juges d'appel ne pourraient pas se refuser de reconnaître au titre en vertu duquel on aurait exécuté, et qui n'aurait dû l'être qu'après le jugement de l'appel, les caractères de la lettre de change.

Mais ce point établi dans une bonne intention, ne le fut sans doute que pour qu'il y eût contradiction avec ce qui avait été fait dans la loi même. Ici, la contrainte par corps était classée au nombre des exécutions forcées des actes et jugemens, et bientôt après on la considéra comme un droit. N'anticipons pas le cri de réprobation que j'ai à pousser contre ce qui a été dit en faveur de la non-rétroactivité de ce droit.

Art. 13. La contrainte par corps, dites-vous, ne pourrait plus être exécutée contre le mari et la femme simultanément, et pour la même dette; mais que deviendrait ce prétendu bienfait, si le bailleur de fonds, au lieu de demander un titre solidaire, partageait sa créance en deux, et qu'un billet fût signé par le mari quand la femme s'engagerait pour l'autre? Vous seriez étonné de voir le mari à Sainte-Pélagie et la femme à Saint-Lazare, mourir l'un et l'autre de faim, parce qu'ils seraient dans l'impossibilité de pouvoir se prêter un appui : c'est pourtant ce qu'on avait voulu éviter.

Art. 14. Les titres d'huissier, de garde de commerce, de recors, ne sont pas des titres de recommandation dans le monde. Je sais néanmoins que parmi ceux qui consentent à exercer ces fonctions, il est des êtres sensibles, des hommes recommandables, si ce n'est par leur charge, du moins par leurs sentimens et leur humanité ; mais je sais aussi que le plus grand nombre de ces exécuteurs des mandemens de justice croiraient n'avoir pas rempli leur journée si le soleil s'était couché sans qu'ils eussent commis une mauvaise action. Pour le grand nombre des hommes à baguette, toute prévoyance de la loi devient inutile : leurs actes sont presque toujours entachés de faux.

L'art. 14 ordonnait aux gardes de commerce, sous peine d'amende, et sans préjudice de dommages-intérêts, de conduire en référé le débiteur arrêté, qui demanderait d'aller chez le président du tribunal de première instance. Mais la plupart des victimes de la contrainte par corps n'auraient pas lu la loi en vertu de laquelle on serait venu les arracher de la couche nuptiale : les gardes de commerce se garderaient bien de leur en donner connaissance. Frappés de stupeur par la baguette fatale dont se décorent tous les Legrips de Paris, les condamnés par corps n'auraient rien de plus empressé que de se soustraire aux regards de leurs amis, qui pourraient les apercevoir dans le fiacre loué par les pourvoyeurs de la maison pour dettes, et dans lequel ceux-ci ne sont pas fâchés qu'on les voie, triomphans de la capture qu'ils viennent de faire. Le débiteur, confus et silencieux, n'apprendrait que sa liberté pouvait dépendre d'une visite faite au magistrat des référés, que lorsqu'il ne serait plus tems de faire cette visite. Qui sait même si, dans le procès-verbal auquel la justice ajoute foi, jusqu'à inscription de faux, on n'affirmerait pas que la demande d'aller en référé n'avait pas été faite, quand elle n'aurait été adressée qu'à l'exécuteur du mandement et à ses recors ? Les faussaires ressemblent assez généralement aux faux témoins : ils ne font la confidence à personne du crime qu'ils ont réellement commis.

J'aurais trop à dire si je voulais appuyer mes suppositions de toutes les accusations directes que j'ai entendu diriger contre quelques-uns de ces hommes que la justice croit aveuglément, lorsque leurs fausses déclarations sont écrites sur une feuille de papier timbré, qu'ils font enregistrer dans l'intérêt du fisc.

ART. 15. En cherchant à remédier au contraste qui existe entre les art. 798 et 800 du Code de procédure, on n'avait rien innové ; tout le monde était d'accord sur le principe qui consacre que les frais de justice ne doivent pas être compris dans le paiement qu'il faudra opérer pour obtenir la liberté, et cependant on imposait au débiteur l'obligation de payer des frais pour lesquels on n'aurait pas eu le droit de l'arrêter.

ART. 16. Il y aurait mille moyens pour l'incarcérateur d'éluder les imputations de paiement que

sa victime pourrait lui opposer ; il n'aurait qu'à refuser les quittances partielles en consentant à arrêter les poursuites dont le débiteur aurait encore à
craindre les effets, ou bien en faisant l'imputation
des à-comptes payés sur les causes qui n'auraient pas
motivé l'emprisonnement.

ART. 17. Ici c'est de l'ironie. La loi semblait
dire : Le débiteur incarcéré obtiendra sa mise en liberté, en payant sa dette ; car celui qui paie un tiers
comptant de ce qu'il doit, et qui donne pour les deux
autres tiers une caution solvable, est et doit être libéré dans toute l'acception du mot.

ART. 18. Il est d'autant mieux libéré, qu'il est ordonné à la caution de s'obliger solidairement avec
lui ; et cette solidarité ordonnée est d'autant plus
cruelle, que, si dans l'année qu'on lui accorde pour
remplir son cautionnement un malheur imprévu vient
priver la caution des ressources sur lesquelles son
espoir était fondé, elle ira elle-même partager la
captivité de celui qu'elle aura voulu obliger.

On ne pouvait pas trouver de meilleur moyen
pour prémunir les hommes contre le danger qu'il y
a de cautionner pour autrui. Nos législateurs ont semblé dire aux cautions qui se dévouent en faveur de
leurs parens ou de leurs amis : « Vous allez briser les
fers des personnes que vous affectionnez, en rivant
vous-mêmes ceux qu'on vous destine !... »

Et dans tout cela je vois aussi une dérogation à
notre droit, qui défend aux Français de consentir

un acte qui le soumettrait à la contrainte par corps.
Vainement viendrait-on arguer de l'art. 2060 du
Code civil, puisque cet article est aussi une dérogation à la règle générale établie par-l'art. 2063 du
même Code. Une caution qui engagerait des immeu-
bles ou un dépôt, ne serait-elle pas assez solvable
pour qu'on n'eût pas besoin de lui faire engager simultanément sa liberté ?

Art. 19. A l'expiration de l'année, si le créancier
n'était pas intégralement payé, il pourrait, non-seulement exercer la contrainte par corps contre son
débiteur, mais aussi contre la caution. L'explication
de cette rigueur inouie fut donnée contre celui qui
souffre : « Il ne faudrait pas, pour reprendre la con-
» trainte, obtenir un nouveau jugement qui ordon-
» nerait la réintégration du débiteur dans la prison :
» une simple ordonnance rendue sur référé suffirait
» pour reprendre, par la voie abandonnée, l'exécu-
» tion du jugement précédemment obtenu et précé-
» demment exécuté. » La novation qui, dans tous
les cas, change la nature d'une créance, serait-elle
vainement invoquée en faveur de l'humanité souffrante ? S'il en était ainsi, les puissans d'un pays libre
auraient recréé l'esclavage, qui était odieux à leurs
yeux avant d'être parvenus à la puissance. Mais la
position, plus ou moins élevée, d'un homme qui croit
avoir assez de talent pour diriger ses semblables et
leur imposer des lois, ne doit pas changer son caractère. Je me tais... Mon but n'est pas d'attaquer :

je ne veux que défendre les victimes de l'affreuse contrainte.

Art. 20. Un usurier qui n'aurait eu pour Code que la loi que j'attaque, aurait su bientôt que cette loi lui permettrait d'emprisonner son compatriote depuis un an jusqu'à cinq. Mais comme il n'aurait pas pu le faire souffrir, selon sa vengeance, si l'emprisonné encourait sa peine sans en interrompre la durée, l'usurier aurait eu soin, par un raffinement de cruauté, de se faire consentir plusieurs lettres de change. La première, de 400 francs; la seconde, de 2,500, et la troisième, de 5,000. Il aurait cédé les deux dernières échéances à deux complices de son usure, et quand toutes ses prévisions auraient été bien combinées, il aurait obtenu trois jugemens à la requête de trois personnes différentes : la première l'aurait fait incarcérer pour un an, au bout duquel la liberté lui aurait été rendue ; mais à peine aurait-il joui du premier baiser de ses enfans, à peine aurait-il promis à sa femme de redoubler d'assiduité à son travail pour la soulager de la misère, que le porteur du second jugement aurait envoyé chez lui la cohorte des gardes de commerce pour le conduire une seconde fois à la maison d'arrêt pour dettes, où, il est vrai, on lui aurait supputé la première année passée dans les fers, mais où il aurait fallu aussi qu'il demeurât encore deux années dans l'esclavage. Le même rôle aurait été joué par le second prête-nom, et la victime aurait ainsi passé ses cinq ans à Sainte-

Pélagie, accablée non-seulement par sa détention, mais encore par les trois exécutions que les sbires de la contrainte par corps auraient exercées à trois reprises différentes contre elle, pour jouir de la même manière que cet assassin qui retourne cent fois le poignard qu'il a enfoncé dans le cœur du malheureux contre lequel il exerce un acte de vengeance.

ART. 25. Je veux suivre mon plan avec une certaine méthode. Je ne veux pas être sans cesse incohérent; j'ai à réfuter l'art. 25 de la loi adoptée par les Pairs de France, avant d'attaquer de toutes mes forces ce qu'ils avaient résolu relativement aux alimens que le créancier doit à son débiteur incarcéré. D'ailleurs, en suivant cette marche, je m'élèverai en même tems contre tout ce qui nous avait été accordé comme des améliorations. Je dis donc à tous mes malheureux compagnons d'infortune qui me ressemblent : Consolez-vous, pauvres débiteurs insolvables! si la loi restait telle qu'on l'avait faite, ses dispositions et celles du Code de procédure civile seraient exécutées simultanément. Nos législateurs se sont souvenus que le Code de procédure date de 1807 ; qu'à cette époque nous vivions sous l'empire d'un homme immortel, qui, à l'apogée de sa gloire, s'en faisait un droit pour nous river des chaînes couvertes de lauriers : ils ont cru qu'il fallait, dans leur nouvel œuvre, et par respect pour les principes, passer sous silence les dispositions contenues dans le

Code, en opposition aux droits consacrés par la Charte; tandis que, s'il eût fallu renouveler ce qui fut adopté en 1807, on se serait aperçu qu'on avait alors introduit dans les lois qui règlent l'exécution des actes contractés civilement des clauses pénales qui auraient dû trouver place dans cet autre Code qu'on a si justement qualifié du titre de *Code dracon*, et qui alors aurait été complet, puisqu'il aurait réuni, d'un côté, la confiscation des biens, et de l'autre, la séquestration des personnes.

Les voilà donc évanouies les prétendues améliorations de la loi qui fut sur le point de nous être donnée. Leur insuffisance sera bien mieux démontrée lorsque des orateurs distingués en feront ressortir la futilité. Ceux-là seront habiles, et je ne suis inspiré que par mon désespoir. Je continue en revenant aux articles qui précèdent celui dont je viens de m'occuper un moment.

§ IX.

DES ALIMENS QUI SONT DUS AUX PRISONNIERS POUR DETTES.

ART. 21, 22, 23, 24. J'appelle auprès de nous ces ames pieuses dont la principale occupation est de soulager les malheureux prisonniers : qu'elles viennent visiter notre Bastille, et elles se convaincront que les détenus pour dettes sont plus malheureux que les condamnés pour délits. Ceux-ci sont assurés tous les matins de recevoir leur pain et leur pitance ; les autres cherchent quelquefois dans leurs noirs corridors la miette qui échappe de la table du moins malheureux parmi eux.

Réunissez vos voix aux nôtres, dirons-nous à ces bienfaiteurs de l'humanité, faites que nos législateurs ne nous laissent pas plus long-tems souffrir de la plus affreuse misère, en ne portant le prix de nos alimens qu'à 30 fr. par mois, et en ne les proportionnant pas au prix des mercuriales, fixé sur un type invariable, c'est-à-dire d'après le prix du marc d'argent qui leur servit si long-tems de base.

Il n'est que trop vrai que la plus grande partie des prisonniers pour dettes serait exposée à mourir de faim si on ne fixait qu'à 30 francs les alimens que leurs créanciers sont obligés de leur fournir. N'y en aurait-il, parmi eux, qu'un seul qui fût dans ce cas, il faudrait trouver le moyen d'éviter que le résultat d'une condamnation commerciale et purement civile ne fût transformé en un arrêt de mort.

Pourquoi serait-on plus inhumain pour un débiteur malheureux que pour un criminel subissant sa peine ? Les partisans de la contrainte par corps n'entendent-ils pas, comme tous les criminalistes l'ont entendu, qu'il vaut mieux être indulgent pour cent individus qui ne méritent pas l'indulgence, que sévère contre un seul qui ne mériterait pas l'animadversion de ses concitoyens ? Cet adage de justice devrait bien mieux être appliqué aux prisonniers pour dettes qu'aux justiciables du grand ou du petit criminel. Un individu qui meurt à Sainte-Pélagie n'a-t-il pas été assassiné par son créancier ?...

On dit qu'il faut craindre de grever le créancier de frais trop considérables, qui retombent en définitive sur celui qui doit. Je réponds par deux suppositions palpables : ou l'incarcéré finira par rembourser le créancier, ou le débiteur sera réellement insolvable. Dans le premier cas, le créancier ne fera qu'une avance nécessaire à ses intérêts ; dans la seconde supposition, si celui-ci exerce un acte de vengeance, puisque nos lois autorisent cet acte inouï, l'on ne pourra jamais le faire trop payer.

Voyons maintenant ce qui a caché l'abîme où nous sommes engloutis, quand on a jugé que 3o francs par mois suffiraient aux besoins absolus d'un détenu pour dettes : je vais dire la vérité tout entière.

La sollicitude des législateurs d'un peuple riche

se laisse plus facilement émouvoir par les paroles hypocrites des créanciers que par les cris de douleur d'un débiteur arrêté. Ces législateurs sont entourés d'intendans, de domestiques ; ils sont logés dans de somptueux hôtels ; tout leur est prodigué, et ils ne savent pas ce qu'il a fallu dépenser pour les contenter. Les prodigalités qui sont faites pour eux n'ont pas eu pour motif de leur prouver que 3o francs par mois ne suffisent pas aux alimens d'un homme privé de sa liberté. S'ils calculaient avec leurs maîtres-d'hôtel sur ce qui est indispensable à notre existence, ceux-ci ne manqueraient pas de leur dire que la nourriture du plus faible de leurs domestiques leur coûte plus de 4o sous par jour ; que, par conséquent, 2o sous ne peuvent alimenter un débiteur incarcéré, et qu'ils peuvent bien moins suffire aux besoins de celui qui a des enfans en bas âge qui ne vivaient que de son travail.

L'homme qui jouit d'une grande aisance ne peut pas s'imaginer qu'il existe tout près de lui un autre homme qui souffre à Sainte-Pélagie, par le bon plaisir d'un créancier haineux. Les souffrances les mieux senties en notre faveur sont celles que ressentent nos anciens compagnons d'infortune, qui ont l'ame élevée. Il faut connaître le malheur pour y compatir !...

Si nos législateurs étaient placés de manière à entendre parler les méchans qui n'ont pas rougi en voyant figurer leurs noms sur la liste des incarcérateurs, ils sentiraient la nécessité d'élever infini-

ment le taux des alimens que nous avons droit d'exiger. Ils frémiraient en écoutant les réponses qui sont
faites à nos femmes suppliantes, par nos créanciers
vindicatifs : elles vont pour les prier de ne plus consigner des alimens qui ne servent qu'à agraver la
position de celui qui ne serait pas en prison s'il avait
pu payer sa dette ; et les cruels ne craignent pas de
souiller leurs lèvres de tout ce que peut dicter de
plus affreux la haine implacable d'un ennemi : c'est,
disent-ils, comme si je payais un mois de nourrice
d'un enfant que j'aurais pu me donner ; c'est comme
si je perdais vingt francs sur le tapis du n° 9 ; je
trouverai à balancer la somme que je sacrifie à ma
vengeance, en accordant vingt francs de moins à la
toilette de ma femme, en regardant de plus près au
compte de mon tailleur, en supprimant les aumônes
que je distribuais tous les mois, par ostentation, aux
mendians qui venaient frapper à ma porte.

Et nos législateurs n'aboliraient pas la contrainte
par corps s'ils connaissaient de pareilles infamies !
Si l'abolition de ce mode affreux d'exécution dépas-
sait les bornes des amendemens que la Charte leur
permet de faire aux lois qui leur sont proposées,
ils n'hésiteraient pas d'augmenter de beaucoup les
alimens qui nous sont payés par des hommes atroces.
Alors la loi ne serait pas aussi souvent qu'elle l'a été
une arme de vengeance ; l'état aurait un enfant de
plus ; la rouge et la noire seraient moins alimentées,
la femme légitime ne serait pas obligée de réduire sa

toilette, l'artisan ne serait pas privé de ses bénéfices accoutumés, et les mendians continueraient à bénir la main qui leur donnait par hypocrisie.

On m'interrompt encore pour me dire qu'il faut partager les détenus pour dettes en deux catégories, ainsi qu'on le pratique si mal à propos pour la distribution d'une pitance accordée à ceux qu'on croit être les plus malheureux parmi nous.

Je réponds aux interrupteurs, qui ne laissent rien passer sans objections : Non, vos calculs ne sont pas mathématiques comme les miens; vous prétendez qu'il existe à Sainte-Pélagie des débiteurs fortunés : l'exemple d'Ouvrard qui a été mis sous vos yeux, a frappé, a obscurci votre vue. Je vais la dessiller bien facilement; mes forces ne m'ont pas encore abandonné, écoutez-moi :

J'ai toujours eu de la peine à croire qu'Ouvrard pût préférer l'argent à la liberté. Cette exception, si elle existait, dégraderait autant la nature que le cœur de celui qu'elle entacherait. Supposons maintenant qu'elle soit vraie; supposons qu'Ouvrard, riche et puissant, ait préféré le séjour d'une prison à celui d'un hôtel avec tous ses agrémens!.... C'est en vain que je cherche autour de moi pour trouver un second exemple de même nature, je ne rencontre dans nos corridors que cinq ou six négocians en faillite, qui attendent un sauf-conduit pour rentrer dans la société, neuf ou dix marchands ruinés, qui n'ont pas les fonds nécessaires au dépôt de leur bilan, ou qui ne considèrent ce dépôt qu'avec répugnance ; des avocats, des médecins, des notaires, des hommes de lettres, qui n'ont pour ressource et pour espoir de payer leurs dettes, que leurs talens paralysés ; des vieillards qui vont rendre l'ame, des ministres du culte séparés de l'autel, des étrangers éloignés de leur patrie, des fils de famille qui attendent l'héritage qu'ils recueilleront tôt ou tard, et dont le père ne peut pas se dépouiller en faveur de la liberté de l'enfant ; des militaires retraités couverts de blessures ; d'autres militaires en activité qui ont été forcés de se démettre de leur grade, et de priver ainsi la patrie et le prince de leurs services dévoués ; des porteurs d'eau dont le tonneau a été saisi ; des charbonniers de qui on a vendu la médaille !... Les banqueroutiers frauduleux, les violateurs de dépôt, les véritables stellionataires dépensent à Londres ou à Bruxelles l'argent qu'ils ont volé à leurs créanciers !... Et si, par extraordinaire, les gardes du commerce arrêtent quelquefois un débiteur qui peut payer sa dette, il est rendu à la liberté presque aussitôt qu'il est incarcéré. La presque-totalité de ceux qui sortent de Sainte-Pélagie après y avoir séjourné trois mois, ne rentrent dans leur domicile que lorsque leurs vêtemens sont déchirés, ou que la dernière de leurs couvertures a été déposée au Mont-de-Piété.

Prétendra-t-on maintenant qu'il soit juste d'établir des distinctions parmi les détenus pour dettes ?... La pitance ne sera-t-elle pas enfin accordée indistinctement à tous ceux qui ont le malheur d'être privés de leur liberté ?... Je le répète encore, tous ceux qui restent trois mois en prison y resteraient cinq ans si leurs créanciers ne finissaient pas par s'apercevoir de la faute qu'ils ont faite en employant les suppôts de la contrainte par corps, ou s'ils ne se laissaient pas toucher par les pleurs d'une famille désolée.

Toute distinction parmi les victimes de la contrainte par corps serait donc injuste ; en voici de nouvelles preuves : Tel parmi nous est toujours propre dans sa mise, qui n'a pas un sou dans sa poche, parce qu'il sacrifie à ses habitudes plutôt qu'à la nécessité ; tel autre passe pour heureux, qui souffre intérieurement plus que son voisin, qui pleure sur sa destinée. Tout cela tient à nos préjugés ; il est des hommes qui aimeraient mieux mourir de faim, plutôt que d'aller frapper à la porte de celui qui se fait un devoir et un vrai plaisir de secourir l'indigence.

Mes vœux ne doivent pas se borner sur ce point à faire ressortir les considérations morales que je viens d'indiquer, il faut aussi que je fasse apercevoir aux nobles Pairs les fautes qu'ils ont faites quand ils ont voulu fixer nos alimens.

Art. 21. Ils avaient laissé aux créanciers la faculté de pourvoir aux alimens pour trente jours au moins, et pour plusieurs périodes de trente jours. Il ne pouvait pas entrer dans leurs vues d'empêcher le persécuteur de voir sa victime au moins une fois par mois ; ils auraient dû calculer qu'en ordonnant de fréquentes visites, la loi offrirait plus fréquemment l'occasion aux créanciers de rendre hommage à la liberté individuelle dont on ne peut méconnaître le principe que dans un accès de fureur. En effet, il est des prisonniers qui ont resté cinq ans à Sainte-Pélagie, et qui en seraient sortis quelques mois après leur entrée dans cette prison, si celui qui les détenait avait été mis dans la nécessité de venir contempler les fers du malheureux qu'il avait jeté dans l'esclavage. Il aurait fallu interdire la faculté de consigner au-delà d'un mois d'alimens. Une mauvaise action est bien plus condamnable quand celui qui l'a commise se rend coupable de récidive, et ne la répare pas, quand on lui en fournit l'occasion.

D'ailleurs pourquoi n'avait-on pas désigné dans la loi les personnes qui auraient qualité pour faire la consignation des alimens ?..... Il paraissait difficile d'ordonner au créancier seul de faire cette consignation : si celui-ci était malade, s'il avait un voyage à faire, si son âge et ses infirmités lui ôtaient les facultés de se rendre jusqu'à la rue de la Clé, tout cela devait être considéré comme des empêchemens légitimes : mais n'aurait-on pas pu l'obliger à donner une procuration spéciale qu'on lui aurait défendu de remplir du nom d'un huissier ou d'un garde de commerce ? Les individus qui occupent ces fonctions sont trop intéressés à perpétuer les contestations des plaideurs. Les sacs de procédure, les dossiers de contrainte par corps sont autant de mines que ces officiers ministériels exploitent journellement à leur profit. On m'a cité des gardes de commerce qui ont trouvé le moyen de faire payer la course d'un de leurs recors jusqu'à 60 fr. Les gardes de commerce étaient chargés de consigner les alimens de quarante malheureuses victimes de la contrainte par corps. Ils faisaient faire le même jour et à la même heure les quarante consignations qui leur étaient ensuite payées à 30 sous chacune ; et, dans le moment qu'on faisait cette course pour eux, ils appréhendaient au corps une nouvelle victime de la loi barbare.

Art. 22. J'ai déjà incontestablement démontré l'insuffisance des alimens. Vingt sous par jour à un misérable sans ressources !.... Cela fait pitié. Détournons nos regards d'un tableau si affreux ; jetons maintenant un coup d'œil sur le prix des denrées et sur la valeur actuelle du marc d'argent. Le marc d'argent vaut 55 francs ; le pain a valu pendant cet hiver jusqu'à 5 sous la livre ; le litre du légume le plus grossier se vendait 10 sous !..... Je vous le dis encore, législateurs, le dernier de vos domestiques vous coûtait à nourrir plus de 40 sous par jour.

Art. 23. Pourquoi aviez-vous trouvé nécessaire, lorsqu'un prisonnier manquerait d'alimens, de lui faire présenter une requête pour obtenir sa liberté ? pourquoi le gardien n'avait-il pas été autorisé à ouvrir les portes de notre Bastille à tous ceux que les créanciers n'alimenteraient plus ? Le défaut de consignation aurait fait cesser sur l'heure la responsabilité du directeur de la prison. Croyait-on qu'un jour de plus passé dans l'affliction ne serait pas un siècle pour celui qui attendrait d'être libre? En l'ordonnant ainsi on aurait dépouillé le fisc de quelques droits mesquins ; un droit de greffe aurait été supprimé ; mais le prisonnier aurait joui de sa liberté vingt-quatre heures plus tôt. Qui sait même si le défaut d'argent n'aurait pas fait retenir en prison celui qui n'aurait pas pu payer ces deux droits ? si l'horloge des prisonniers est toujours en retard, celle qui sonne dans tous les greffes n'avance que lorsque le greffier a ordonné d'arriver avec les mains garnies.

Art. 24. Je trouve dans l'art. 804 du Code de procédure la preuve toujours plus évidente que les auteurs de nos Codes promulgués sous l'empire voulaient nous façonner à l'esclavage par des évolutions cent fois plus pénibles que celles auxquelles le soldat heureux avait soumis les compagnons de sa gloire. Cet art. 804 donnait aux créanciers le droit le plus inoui : il les autorisait, lorsque l'élargissement avait été ordonné faute de consignation d'alimens, à faire emprisonner de nouveau leur débiteur, en remboursant les frais par lui faits pour obtenir son élargissement, ou les consignant à son refus, aux mains du greffier, et en consignant aussi d'avance six mois d'alimens. Cela fait, on n'était pas tenu de recommencer les formalités de l'emprisonnement, s'il avait lieu dans l'année du commandement..... C'était absurde et cruel ; les Pairs de France avaient proscrit cet abus ; mais en disant que le débiteur élargi faute de consignation d'alimens ne pourrait plus être incarcéré pour la même dette, ils auraient dû ajouter que l'incarcération ne pourrait pas non plus être reprise pour aucune créance appartenant à ses créanciers incarcérateurs ou recommandans, souscrite antérieurement à l'arrestation de leur débiteur. Ainsi les méchans n'auraient pas pu tenir en réserve un moyen que la loi leur aurait laissé de se venger deux ou trois fois, ou même plus souvent, suivant leur bon plaisir.

Je finis ce point important par quelques nouvelles considérations morales.

Le terme moyen du nombre des individus consignés pour dettes s'élève journellement de deux cent quarante à deux cent soixante. De ce nombre, trois ou quatre détenus sortent annuellement, en payant intégralement le capital, les intérêts et les frais de leur dette. Ce sont ceux qui ont eu des rentrées tardives, que leur inhumain créancier n'avait pas voulu attendre, et que l'arrestation de leur débiteur n'a pas fait arriver un instant plus tôt. Cinquante sortent par manque d'alimens : ce sont ceux pour lesquels on a été onéreusement inhumain. Cent cinquante prennent des arrangemens avec leurs créanciers ; mais ces arrangemens sont moins avantageux à ceux-ci qu'ils ne l'auraient été si l'on avait été assez généreux pour s'apitoyer aux premières larmes d'un débiteur ruiné. Les autres sont des vic-times d'une vengeance ; des étrangers qui accusent les nations de se haïr entre elles, quand elles de-vraient se réunir pour proscrire ces lois qui, à dif-férentes époques, avaient été accordées à ce que l'on avait si improprement qualifié du titre pompeux d'orgueil national.

Je n'ai plus qu'un mot à dire sur cette matière.

Tant que la contrainte par corps subsistera, les alimens ne devraient pas être fixés par la loi. Ils le seraient bien mieux par des réglemens d'adminis-tration, qu'il serait facile de mettre en rapport avec le plus ou le moins de cherté des comestibles, mais jamais au-dessous du marc d'argent, ainsi que cela existait sous des rois de France qui n'étaient pas pourtant des rois constitutionnels.

Je laisse aux légistes et aux jurisconsultes, qui ont encore à écrire sur la contrainte par corps, la tâche de compulser les livres des publicistes et des philanthropes qui ont travaillé dans l'intérêt de l'hu-manité. Je ne veux pas faire de l'érudition en faisant entendre mes plaintes. Les élans de mon cœur iront d'une manière plus directe à l'ame de nos législa-teurs. Mon grabat et ma chaise chancelante excitent bien plus mon indignation que toutes les citations de nos érudits. Je veux prouver par mon désespoir que la contrainte par corps doit être abolie : j'ana-thématise tous ceux qui ont écrit ou écriront pour la faire régulariser. Je veux aussi qu'en attendant ce moment heureux, on ne laisse pas mourir de faim ceux qui souffrent du retard barbare qu'on mettra à accomplir mon noble souhait. Le ministère, quel qu'il soit, qui entendra mon cri et qui l'exaucera, par les ordres du roi, marchera vers la popularité toujours nécessaire à ceux qui sont chargés de faire aimer leur souverain.

Ce vœu n'est pas téméraire, il est dans l'ame de tous les Français qui aiment sincèrement la liberté et qui veulent voir fructifier tous les bienfaits qui nous ont été concédés par la Charte.

§ X.

DE LA CONTRAINTE PAR CORPS EN MATIÈRE CRIMINELLE, CORREC-
TIONNELLE ET DE SIMPLE POLICE.

La loi nouvelle amenait à côté des détenus pour dettes les condamnés qui étaient devenus passibles de la contrainte par corps par le résultat des condamnations qu'ils avaient encourues en matière criminelle, correctionnelle ou de simple police...... C'était confondre le malheur avec le vice. Cette circonstance me servira à prouver, mieux que je ne l'ai fait encore, qu'on se placera hors de tous les principes lorsqu'on cherchera à régulariser le moyen d'exécution forcée que j'appelle *la traite des blancs*.

Pour régulariser ce moyen coercitif, dans le cas même où il résulterait des condamnations criminelle, correctionnelle ou de simple police, on commençait par résoudre une difficulté sur laquelle les magistrats n'étaient pas encore d'accord, celle de savoir si avant la promulgation qui devait être faite de la loi, l'État pouvait exercer la contrainte par corps, non-seulement pour les amendes, dommages-intérêts et restitutions, mais encore pour les frais dont le trésor royal avait fait l'avance, en matière criminelle, correctionnelle ou de simple police. Les Pairs de France répondirent affirmativement, et leur réponse fut juste, puisqu'ici le fisc était appuyé sur l'intérèt de la vindicte publique poursuivant des délits ou des crimes.

Je ne veux pas partager l'opinion manifestée de ne pas laisser poursuivre en restitution des frais , la partie civile qui demanderait la réparation des dommages qui lui avaient été causés. La raison donnée pour appuyer cette opinion dirige mon sentiment vers une marche opposée : « *Je ne veux pas donner des auxiliaires au ministère public dans la poursuite des délits ou des crimes.* » Mon expérience a formé ma conviction sur ce point : quand j'exerçais mes fonctions devant la cour d'assises et le tribunal de police correctionnelle d'un chef-lieu judiciaire de département , devant lesquels, sans exagération, j'ai plaidé plus de quinze cents causes , il ne m'a été que trop démontré que si quelquefois , et par exception , *les parties civiles sont des auxiliaires utiles du ministère public* , d'autres fois et presque toujours elles ne se présentent devant la justice que pour poursuivre une vengeance qui n'est pas toujours celle de l'État outragé. Dans ce dernier cas , le poursuivant se fait entendre , et se fait ensuite représenter par un avocat, jaloux de gagner sa cause, tandis que le procureur-général, qui ne parle jamais qu'au nom de la société outragée , et qui n'est mu par aucun autre intérêt , ne met pas d'amour-propre à triompher dans son accusation , et n'attend ni le blâme ni la louange de celui qui lui a confié ses nobles fonctions. L'avocat passe au creuset toutes les circonstances de l'accusation ; les présomptions qui, pourtant, dans plusieurs procès célèbres ont égaré la justice, sont accumulées par le logicien du barreau, et les juges et les jurés se trouvent exposés par son éloquence captieuse , à quitter leurs siéges après avoir prononcé la condamnation d'un nouveau Calas ou d'un nouveau Lesurques.

Le danger n'est donc à craindre que lorsqu'on donne *des auxiliaires au ministère public*. J'aimerais mieux en donner à celui qui se défend ; je ne craindrais pas de dire à tous ceux qui manifesteraient le désir de se constituer partie civile : vous ne vous présenterez pour réclamer les dommages-intérêts qui vous sont dus que lorsque vous aurez la certitude , par une condamnation exécutée, de la culpabilité de celui que vous voulez poursuivre pour demander des réparations civiles : alors ces réparations ne vous seront jamais refusées , parce qu'elles vous seront dues à juste titre par celui qui aura été déclaré coupable du délit ou du crime dont vous auriez réellement à vous plaindre ; ou par ses héritiers, puisque, grâce à notre Charte immortelle, la confiscation des biens n'est plus tolérée.

Cependant , fidèle à mes principes , je ne voudrais pas que le fisc pût exercer l'odieuse contrainte par corps contre la partie civile qui serait condamnée à des frais. Il serait trop cruel , après avoir fait vendre le mobilier de la caution, que la loi se réservât, en cas d'insolvabilité du condamné, de le mettre en prison, pour le contraindre au paiement des frais que la société aurait eu besoin de faire dans son propre intérêt. Cette dernière observation ne subsisterait pas si l'on défendait à la partie civile de se porter *l'auxiliaire du ministère public.*

ART. 27. J'ai toujours été d'avis qu'il faut être extraordinairement rigoureux contre ceux qui commettent des crimes ou des délits ; mais je pense aussi que, lorsque la peine a été subie, il ne faut pas la prolonger indéfiniment. Dieu, qui juge tous les hommes, souverains ou sujets, ne les condamne pas inexorablement.

Ici pourtant on jugerait sans pitié ceux qui auraient le malheur de devenir les débiteurs du trésor royal, en vertu des décisions de la justice. Le condamné resterait perpétuellement en prison s'il ne pouvait fournir une caution solvable.

Il n'est pas nécessaire d'être avocat pour savoir à quoi l'on s'expose quand on sert de caution à autrui. D'ailleurs ne serait-il pas impossible au malheureux qui subit une peine de trouver un répondant, même parmi les personnes qui l'appelaient leur ami avant qu'il eût été séparé d'eux par sa condamnation ? Voudrait-on prendre la place du débiteur, si celui-ci ne satisfaisait pas à son obligation ? Le dévouement de nos jours est circonscrit. Les créanciers sont naturellement trop exigeans pour rencontrer facilement des amis qui se dévouent jusqu'à la bourse. Ces créanciers voudraient, d'après la loi, que les engagemens des cautions passassent à leurs héritiers.

L'amitié, ce sentiment si noble et si rarement éprouvé, ne va pas jusque-là, dans notre patrie, où l'argent maintenant tient lieu de toutes les vertus. Un débiteur qui n'attendrait ni héritages ni libéralités pourrait émouvoir la sensibilité de son ancien ami, mais il ne parviendrait pas à lui faire ouvrir sa cassette, ni à le faire consentir à partager sa captivité.

Art. 28. La preuve qu'on exigeait de la part du condamné aurait été aussi difficile à faire, qu'il serait peu aisé de trouver une caution. Ce n'est que dans les lois relatives à la contrainte par corps, qu'on s'est permis d'ordonner une preuve négative, qui deviendrait impossible, si, par caprice ou par toute autre considération, le maire, le sous-préfet et le préfet, refusaient d'accorder un certificat d'indigence.

Néanmoins, je prends acte de cette concession : elle aurait dû être faite en faveur de toutes les personnes arrêtées pour dettes. La preuve de l'insolvabilité devrait suffire à tous ceux qui voudraient obtenir leur liberté, ravie par cela seul qu'ils doivent de l'argent. Ainsi nous éloignerions de nos mœurs cet amour insatiable des richesses qui nous rend plus irascibles quand on nous fait perdre quelques écus, que lorsqu'on nous attaque dans notre honneur et dans notre conduite.

Il n'existe pas sur la terre une nation qui ait consacré l'arbitraire comme un droit. Cependant ne serait-il pas arbitraire, lorsque les condamnés auraient
justifié de leur insolvabilité, de ne les rendre à la
liberté que quand ils auraient subi, suivant la quotité des frais qu'ils devraient, quinze jours, un mois,
deux mois et six mois de détention ? Me dira-t-on que
c'est une addition à nos lois pénales? L'objection serait ridicule.

On ne ferait que quinze jours de prison si l'amende
et les condamnations pécuniaires n'excédaient pas
15 francs ; mais on en ferait un mois, deux mois et
six mois, suivant que ces condamnations s'éléve-
raient à 50 francs, 100 francs ou quelques centimes
de plus!...

C'est donc encore un avantage qu'on voudrait
donner au riche sur le pauvre ? Cet avantage serait
d'autant plus injuste, que le riche pourrait avoir
été condamné comme meurtrier, tandis que le pauvre
ne l'aurait été que pour avoir soustrait quelques
livres de tabac à la vigilance des employés de la
douane.

Il ne manquerait plus, pour mieux favoriser l'amour
des richesses, que de faire racheter par de l'or les
forfaits dont les gens riches se rendraient coupables.
Alors ceux-ci se livreraient impunément à tous les
excès. Leur or serait assez puissant pour leur garantir l'impunité de leurs crimes. Il leur serait permis de vivre tranquillement dans leurs châteaux,

quand les pauvres gens qu'ils auraient assassinés seraient tombés sous le glaive de la loi, s'ils s'étaient
rendus coupables d'un forfait qu'ils n'auraient pas
pu racheter par de l'or.

Art. 29. Il me semble que dans notre pays libre
on cherche à multiplier les circonstances qui fini-
raient par y nationaliser l'esclavage : on voulait non-
seulement que la liberté ne fût rendue à l'insolvable
que lorsqu'il se serait procuré de l'argent ou une
caution ; on exigeait encore qu'après que l'indigent,
libéré par le bénéfice de la loi, se serait livré au
travail, on poussât l'investigation jusqu'à savoir si ce
travail n'aurait pas rendu au-delà de son nécessaire,
et ne serait pas par-là devenu fructueux pour l'état.
Dans ce dernier cas, on lui aurait dit : « Dégarnis
tes mains, ou retourne en prison ; tu ne dois maintenant travailler que pour nous donner le fruit de ta
sueur. »

N'aurait-il pas été plus équitable, si le trésor ne
voulait pas perdre ses droits et ses avances, de lui
accorder pour y parvenir toutes les voies coercitives,
à l'exception de la contrainte par corps? Alors l'état
n'aurait agi, que lorsqu'il aurait pu agir avec certitude d'être remboursé. Les huissiers et les gardes de
commerce n'auraient pas gagné tant d'argent, le
budget aurait cessé d'être chargé d'un moyen qui ne
l'ennoblit pas, et les gens laborieux et pénibles auraient travaillé non-seulement pour leurs besoins,
mais encore pour se libérer légalement d'une dette

qu'ils auraient voulu éteindre, par cela seul qu'elle
leur aurait rappelé, tant qu'elle n'aurait pas été payée,
le tems de leur captivité, et quelquefois aussi le résultat de leur ignominie.

ART. 3o. Jamais, sans doute, il n'est arrivé que la
contrainte par corps ait été exercée par le trésor avant
que le condamné eût purgé sa peine corporelle. Ce
n'est que pendant qu'il subit cette peine, et lorsqu'elle est sur le point de finir, que le conservateur
des domaines, toujours averti par les geôliers des
prisons, exerce la contrainte par corps pour le remboursement des frais qui sont dus à l'état. Cette contrainte ne pouvait pas commencer avant que la correction pénale fût consommée : le contraire cependant
dant paraîtrait résulter de la rédaction de l'art. 3o,
quand, dans aucun cas, il ne serait possible que l'on
pût se méprendre en faisant subir la peine et l'acte
de coaction en même tems, et au point que l'une et
l'autre ne fussent pas indépendantes.

Si nous avions le bonheur de voir mettre à exécution, avec franchise, les principes qui découlent de
l'œuvre immortelle de Louis XVIII, nous admire-
rions l'état donnant le premier l'exemple d'abandonner un mode d'exécution que tous les hommes sensés
ont déjà proscrit. Ce n'était pas pour la laisser subsister sous une autre forme, que le roi législateur avait
aboli la confiscation des biens. Ah ! plutôt que d'en
laisser percer le simulacre, redoublons de sévérité
contre le crime ; mais ne nous attachons pas à l'ar-

gent du condamné. Ce serait encore marcher vers ce
principe immoral, que l'argent doit avoir le pas sur
l'honneur.

ART. 31. Quoique l'on n'ait pas exprimé formelle-
ment ma pensée, il me paraît certain qu'on voulait
faire une différence entre l'état qui exerce la contrainte
par corps, et le particulier qui veut user de ce droit
inhumain. Selon mon opinion, les particuliers seulement auraient été tenus de pourvoir à la consignation
des alimens accordés, lorsque l'arrestation aurait eu
lieu à leur requête et dans leur intérêt, tandis que
l'état aurait continué de soumettre le condamné au
même régime auquel il était soumis pendant qu'il
purgeait sa peine. Mais alors, de deux choses l'une :
ou ce régime serait meilleur que celui résultant des
alimens, ou il ne procurerait pas les mêmes avantages. Dans l'un comme dans l'autre cas, il y aurait
eu injustice, parce que si le régime des condamnés
vaut mieux que celui des contraignables par corps,
il ne fallait pas donner l'exemple de mieux traiter un
coupable qu'on n'aurait traité le commerçant ; tandis que si ce régime est moins bon que celui procuré par les alimens pécuniaires, il semblerait qu'on
voulait traiter avec ressentiment celui qui aurait déjà
purgé la peine qu'il avait encourue.

Mais je vois encore sur ce même point une innovation contraire à la liberté, innovation d'autant plus
sévère qu'elle agrandit un droit que le créancier

n'aurait pas, si l'on n'avait pas enfreint l'art. 126 du Code de procédure civile.

On me dit que cette innovation est justifiée par le besoin où la société est placée de punir plus sé- vèrement celui qui doit par suite d'un délit qu'il a commis, et pour lequel il a été condamné, que celui qui n'est débiteur que par l'effet d'une obligation civile. Ma réponse est facile ; elle sera appuyée sur mille considérations qui se réunissent à ma répu- gnance à la contrainte par corps.

Celui contre lequel on veut introduire cette inno- vation a déjà subi une peine corporelle : pendant le tems qu'il a été captif, il a détruit la fortune qu'il avait avant sa condamnation ; la soustraction dont il s'était rendu coupable l'a conduit dans les fers, et peut aussi avoir contribué à les lui rendre moins in- supportables. Pourquoi alors voulait-on donner à la partie lésée le droit de se venger, quand la loi avait déjà fait exercer l'acte de vengeance ? Pourquoi vou- lait-on que celui qu'une condamnation avait rendu insolvable fût encore comptable envers la justice d'une impuissance qui ne proviendrait pas de sa vo- lonté ?

La rigueur de l'innovation dont je me plains, en parlant du coupable, est bien encore plus criante à l'égard de celui qui n'a été condamné que comme garant d'une action dont il n'est pas l'auteur, ou de ce qu'il n'a fait que d'une manière involontaire.

Ainsi, on aurait vu contraindre par corps, avec le même sang-froid, le coupable d'un crime commis sciemment, et le père d'un pupille sans discernement, qui aurait causé des dommages à autrui!... Et tout cela avait passé inaperçu et sans discussion au Conseil d'État et à la pairie!... J'en suis maintenant convaincu : une loi coercitive ne peut jamais sortir parfaite du cerveau des hommes. Les législateurs s'égarent quand ils cherchent à se mettre en opposition avec les principes divins, et encore avec ceux qui nous sont inspirés par la nature.

Art. 32. Voulait-on placer le particulier au-dessus de l'état, en dérogeant pour l'un comme pour l'autre à l'art. 126 du Code de procédure civile, et en accordant au premier le pouvoir de faire incarcérer pour une dette qui ne s'élèverait pas à 300 francs?

N'était-ce pas assez d'appeler le créancier à discuter la solvabilité de la caution que son débiteur présenterait, ou à vérifier les titres d'insolvabilité en vertu desquels l'emprisonné voudrait recouvrer sa liberté? N'était-ce pas le cas, au contraire, de dire affirmativement que la solvabilité du débiteur devrait être prouvée par celui qui l'allègue contre les certificats produits?

Ce n'était pas à ce but qu'on paraissait vouloir atteindre; il semblait, au contraire, qu'on voulait nous conduire sur la route opposée.

Art. 33. En voici la preuve : Dans le cas où le condamné devrait seulement un denier de plus que

3oo fr., c'était aux dispositions de la loi relative à la contrainte par corps, qu'il aurait fallu avoir recours; c'est-à-dire qu'on n'aurait pas eu besoin de discuter la solvabilité de la caution et l'insolvabilité du débiteur, mais que l'on en serait revenu tout simplement au bon plaisir du créancier, dont on avait fait un être absolu dans un royaume où le roi lui-même a juré de renoncer, pour lui et pour les siens, à l'absolutisme. Le *tel est notre plaisir* aurait été accordé à la richesse, quand on l'aurait refusé à la clémence ; l'homme ulcéré par la perte de quelques écus aurait eu plus de pouvoir, que le monarque blessé dans les intérêts de la patrie et de son pouvoir personnel !... Ceci aurait dû engager tous les monarchistes du bon vieux tems à crier au scandale , à l'envahissement du pouvoir par l'oligarchie , fléau plus terrible à mes yeux que le pouvoir d'un maître absolu.

Art. 34. Reprenez donc tous vos prétendus bienfaits, vous qui vouliez appliquer aux contraignables par corps par suite de condamnations criminelles, correctionnelles ou de simple police, les dispositions des articles 11, 13, 14 et 16 de la loi qui devait remplacer la loi de germinal. Ceux qui seront condamnés à subir une peine, n'éprouveront jamais le triste malheur d'être poursuivis par leur mari, leur femme, leurs ascendans, descendans, frères ou sœurs; leurs conjoints, emprisonnés par suite des dettes qu'ils auront contractées pour les secourir dans leur captivité , ne chercheront jamais à leur faire partager des fers qu'ils se seraient forgés eux-mêmes par devoir; ils n'auront rien à réclamer de la justice dépendante du tribunal de première instance ; ils auraient été privés du nécessaire dans leur prison, comment auraient-ils pu donner des à-comptes postérieurement à leur condamnation ?...

Ah ! puisqu'il est vrai que la contrainte par corps est barbare dans les seuls cas où elle serait tolérable, ceux résultant d'une condamnation méritée, comment avait-on pu concevoir la pensée de la laisser subsister pour les cas purement civils et commerciaux ? Qu'il ne soit donc plus question de la contrainte personnelle, que pour en prononcer l'abrogation. Introduisons dans nos codes le serment d'insolvabilité en faveur de celui qui ne peut pas payer ce qu'il doit ; et si par malheur un débiteur de mauvaise foi commet un parjure, qu'il soit puni sévèrement !

§ XI.

DU PRINCIPE DE LA NON-RÉTROACTIVITÉ DES LOIS.

ART. 35 du projet. Les vieillards incarcérés furent encore une fois présentés aux regards des pairs du royaume, et les vieillards furent de nouveau repoussés dans leurs tombeaux anticipés, sous le prétexte de respecter un principe. La main qui chercha à empêcher les septuagénaires de revoir la lumière, fut celle du vicomte Lainé, de ce vertueux avocat de Bordeaux, qui avait été de tous les tems le défenseur de l'humanité, et qui, par sa voix éloquente, fit jadis si bien respecter les droits de l'hospitalité. La vertu et la science ne l'ont pourtant pas empêché de tomber dans l'erreur sur la question de la non-rétroactivité des lois. J'en demande pardon au Démosthène de la pairie, je veux lui prouver qu'il se trompa en disant que le principe était violé dans le projet présenté par les ministres.

· J'avais envie de répéter ici les paroles toujours séduisantes qui sortirent, dans cette occasion, de la bouche du défenseur des colons et des réfugiés espagnols : si j'avais pris cette résolution, j'aurais eu plus de gloire à triompher de mon adversaire, ce serait alors que j'aurais pu dire qu'un Hercule avait été terrassé par un Pygmée. J'ai mieux aimé inviter les philanthropes qui s'intéressent à mon triomphe, à lire les Moniteurs des 19 et 20 mai 1829 : ils voudront bien, après leur lecture, me prêter l'attention la plus soutenue.

Et d'abord je commencerai par résumer les discours des pairs de France, dont je partage l'opinion sur ce point; ils dirent :

« Tous les législateurs sont d'accord sur le prin-
» cipe de la non-rétroactivité des lois, mais ils sont
» loin de l'être sur l'étendue de ses applications. A
» cet égard, deux exceptions notables paraissent ad-
» mises sans controverse. On convient d'abord que,
» lorsqu'une loi pénale plus douce est promulguée,
» son application à des faits antérieurs à sa promul-
» gation ne blesse pas le principe de la non-rétroac-
» tivité. On admet, en second lieu, qu'une loi nou-
» velle peut s'appliquer à des conventions antérieures,
» lorsqu'elle règle le mode d'exécution; et toutes les
» législations s'accordent à appliquer, en matière
» pénale, une loi nouvelle moins sévère, préféra-
» blement à la loi existante au moment du délit.

» Mais, dit-on, la contrainte par corps n'est pas
» une peine : la nécessité où on s'est trouvé dans la
» discussion, de rappeler sans cesse cette distinction,
» semble prouver que la différence n'est pas si grande,
» qu'il ne puisse s'élever encore quelque équivoque
» et quelques doutes. On ne peut se dissimuler en
» effet que si la contrainte par corps n'est pas pronon-
» cée comme un châtiment, elle place du moins ce-
» lui qui y est soumis dans une position sinon iden-
» tique, du moins analogue à celle du détenu pour

» condamnation correctionnelle ; la privation de la
» liberté, la souffrance corporelle, sont les mêmes. Il
» semble donc qu'un même ordre d'idées , un même
» sentiment d'humanité, de justice miséricordieuse,
» militent en faveur de l'un et de l'autre, et doivent
» rendre commune aux détenus pour dettes l'appli-
» cation que l'on accorde à l'autre , des adoucisse-
» mens concédés par une nouvelle législation. Sous
» ce premier point de vue, il n'y a donc pas de rétro-
» activité. La conséquence doit être la même si l'on
» s'attache à l'exception établie pour le cas où la loi
» nouvelle ne règle qu'un mode d'exécution. On com-
» prend que l'objection serait fondée si la contrainte
» par corps faisait le fond même de la convention,
» si, par exemple, la loi permettait qu'un prêteur
» pût exiger l'engagement de la liberté de l'emprun-
» teur, non pas comme moyen d'obtenir son rem-
» boursement, mais comme condition principale du
» prêt : anéantir ou restreindre, même dans sa du-
» rée, une convention de cette nature, ce serait là
» un effet rétroactif donné à la loi, puisque l'enga-
» gement de la liberté constituerait précisément le
» droit acquis et l'objet véritable du contrat. Mais
» ce n'est pas en ce sens que la contrainte par corps
» a été autorisée par la loi : elle ne constitue jamais
» au profit du créancier qu'un moyen d'assurer son
» remboursement, et non un droit qu'il puisse récla-
» mer comme objet principal de la convention : c'est
» une simple voie d'exécution, plus rigoureuse sans

» doute que la saisie des meubles ou l'expropriation
» forcée, mais qui, d'ailleurs, lui est entièrement
» analogue. Or; personne ne se ferait scrupule d'a-
» dopter une loi qui, établissant pour la saisie-exé-
» cution ou pour la saisie-immobilière des délais plus
» longs, déclarerait ces délais applicables à l'exécution
» des conventions antérieures. Le créancier cepen-
» dant aurait alors les mêmes réclamations à faire ;
» il pourrait dire qu'il a contracté sous l'empire d'une
» loi qui lui offrait des moyens plus prompts de rem-
» boursement, et que la loi nouvelle ne peut chan-
» ger sa position. Sa plainte assurément ne serait
» point écoutée : comment en serait-il autrement à
» l'égard de la saisie de la personne ? Cette analogie
» semble tellement concluante qu'elle doit suffire
» pour déterminer la conviction de tout le monde.
» Mais il est encore un motif qui paraît devoir lever
» toutes les difficultés : nul doute que, s'il s'agissait
» d'une disposition évidemment contraire à la mo-
» rale et à l'humanité, et que l'oubli du législateur
» aurait laissé subsister dans son code, on devrait,
» en l'abrogeant, s'empresser de faire jouir de ce
» bienfait tous ceux qui pourraient y avoir intérêt,
» sans s'inquiéter de la question de rétroactivité.

» Cette question place les débiteurs auxquels la con-
» trainte par corps est applicable pour dettes déjà
» contractées au moment où la loi serait promulguée,
» dans trois positions diverses : ou ils auraient été
» déjà arrêtés en vertu des lois actuelles, et la loi nou-

» velle les saisira dans leur prison ; ou le jugement
» portant contrainte par corps aura déjà été pro-
» noncé contre eux, mais sans avoir encore reçu son
» exécution et sans qu'ils aient été incarcérés ; ou
» enfin les engagemens desquels doit résulter la con-
» trainte par corps auraient seulement été souscrits,
» mais sans qu'aucune condamnation soit interve-
» nue : soutenir que, dans ces positions diverses,
» l'on ne doit participer en rien au bienfait de la loi
» nouvelle, c'est vouloir ce qui peut difficilement être
» toléré ; que, dans le même moment et par des en-
» gagemens également semblables, un débiteur ré-
» gnicole soit retenu pendant longues années, tandis
» que l'autre ne le sera que peu de tems ; que celui-
» ci obtienne sa liberté à l'âge où la détention cesse
» d'être supportable, et que celui-là soit obligé de
» finir dans la prison sa triste existence, et cela seu-
» lement de ce que le titre serait daté de quelques
» jours plus tôt ou de quelques jours plus tard, c'est
» ici le cas de dire que la contrainte par corps n'est
» pas un droit qui résulte de la loi naturelle. La loi
» préventive, qui seule a pu l'accorder, peut aussi
» la modifier à son gré, quand il y a nécessité de le
» faire, et en ce cas, la nécessité résulte d'un prin-
» cipe non moins sacré que le principe de la non-ré-
» troactivité : elle se fonde sur ces sentimens d'hu-
» manité que le créancier doit aussi respecter, et qui
» méritent d'être pris en considération par le légis-
» lateur. Ce ne serait pas, au surplus, le premier

» exemple de la rétroactivité admise en cette ma-
» tière et en faveur de la liberté. Rien n'a plus va-
» rié que l'étendue de ce moyen de forcer les dé-
» biteurs à s'acquitter ; depuis long-tems le corps
» servait réellement d'hypothèque, ou le débiteur
» était vendu. Jusqu'à nos jours on a constamment
» réduit l'étendue et la durée de la contrainte par
» corps ; a-t-on jamais en marchant dans cette voie
» d'adoucissement, fait une exception pour les débi-
» teurs qui avaient contracté avant l'amoindrissement
» de la contrainte ? Les ordonnances de Louis XIV,
» en ce qui concerne l'élargissement des septuagé-
» naires, ont été exécutées sans réclamation, et il
» existe un arrêt du conseil de ce grand roi, qui l'or-
» donnait expressément. Le respect dû à l'humanité
» n'est pas moindre aujourd'hui qu'il n'était alors.

» On l'a dit avec justesse : il en est des principes
» absolus comme des gouvernemens absolus, qui ne
» subsistent que parce que la discussion n'est pas
» permise. Le principe de la non-rétroactivité des
» lois est sans doute en lui-même une règle sage et
» nécessaire, il y aurait folie et danger à le contes-
» ter d'une manière générale ; mais s'ensuit-il qu'il
» doive être admis sans aucune exception, et qu'il
» n'y ait aucune circonstance où il doive céder à
» d'autres principes ? L'expérience de la vie nous
» prouve que souvent l'homme privé se trouve in-
» certain entre deux devoirs qui paraissent égale-
» ment sacrés, et qui semblent cependant ne pouvoir

» se concilier : le choix, en pareille circonstance,
» n'est souvent pas sans difficulté ; mais le législa-
» teur ne peut-il pas se trouver dans une position
» analogue ? Ne peut-il pas arriver qu'il soit conduit
» à délibérer entre deux principes opposés, et tous
» deux également respectables ? Il faut bien alors
» qu'il choisisse, et qu'il fasse céder l'un des prin-
» cipes à l'autre : c'est précisément ce qui se ren-
» contre dans la question actuelle. Ce principe de
» la non-rétroactivité doit-il céder au principe d'hu-
» manité ? Pour arriver à la solution, il faut appré-
» cier d'abord quelle est l'importance réelle du prin-
» cipe de la non-rétroactivité. Que signifie cette
» maxime que la loi n'a pas d'effet rétroactif ?... Elle
» signifie seulement que la loi doit avertir avant de
» frapper d'une peine nouvelle, avant d'imposer une
» obligation, avant d'enlever un avantage ; mais
» l'importance de cet avertissement préalable aug-
» mente ou diminue, suivant les conséquences de la
» disposition législative. Aussi, pour se décider dans
» la question qui s'agite, il est nécessaire de juger
» quelle est l'importance réelle des droits auxquels
» on craint de porter atteinte ; quelle peut être la
» nécessité d'une exception au principe général, et
» lequel doit l'emporter, en définitive, du principe
» de la non-rétroactivité, ou de celui sur lequel se
» fonde l'art. 35 du projet qui fut rejeté. »

Je m'étais fait une loi, en me plaignant, de ne
faire entendre que ma voix seule, et cependant je

viens d'être l'écho de ce qui a été dit par des voix plus éloquentes que la mienne. La question de la non-rétroactivité des lois peut se reproduire dans d'autres circonstances ; peut-être même les usuriers oseraient-ils s'en faire un bouclier, s'il s'agissait de l'abolition entière de la barbare contrainte. Je sens donc la nécessité de me taire encore pour un moment, afin de laisser parler les conseillers du roi qui se firent entendre dans la Chambre des Pairs, au nom de sa majesté.

« Après avoir eu à défendre, dirent-ils, le main-
» tien de la garantie accordée au commerce en ma-
» tière de lettre de change, nous ne devions pas
» nous attendre à être forcés de prendre la parole
» pour plaider la cause de l'âge et de l'infortune ;
» mais nous hésitons d'autant moins à soutenir la
» disposition de l'art. 35 du projet, que les Pairs
» du royaume eux-mêmes partagent les sentimens
» qui l'ont dictée, et ne sont retenus que par un
» scrupule, grave et respectable, sans doute, mais
» qu'il paraît facile de lever. On a représenté cette
» disposition comme contenant un principe de ré-
» troactivité de loi, et comme portant atteinte à
» des droits acquis. S'il en était ainsi, l'on devrait
» sans doute rejeter l'article. Ce principe de la non-
» rétroactivité des lois, écrit sur le frontispice des
» codes, est moins une règle que s'impose le légis-
» lateur, qu'une déclaration de ce qui est, de ce
» qui ne peut pas être. Le législateur peut bien dis-

» poser pour l'avenir, et régler ce qui n'existe pas
» encore ; mais comment disposerait-il de faits ac-
» complis ? Comment changerait-il un passé qui
» n'est plus au pouvoir d'aucun homme ? Il ne faut
» donc en cela que proclamer son impuissance. Les
» droits acquis sont une propriété à laquelle il ne
» lui est point permis de toucher. Mais serait-il donc
» vrai que le projet méconnût ces droits ? Ne s'est—
» on pas mépris sur leur nature ? et n'a-t-on pas con-
» fondu le fond des contrats avec le mode que le
» législateur établit pour leur exécution ? Lorsqu'il
» a donné la contrainte par corps pour sanctionner
» une transaction commerciale, ce n'est point sans
» doute en vue des intérêts particuliers, mais dans
» un intérêt public et général. Les créanciers usent,
» dit—on, d'un droit qui leur appartient, mais la
» contrainte par corps fait-elle donc partie du droit
» qui résulte du contrat ? Peut—on la considérer
» comme écrite dans les transactions privées ? Si une
» pareille doctrine était admise, il faudrait donc
» dire que la liberté de l'homme est dans le com-
» merce ; qu'il est libre à chacun d'engager la sienne,
» et cependant nos lois civiles prohibent jusqu'au
» louage perpétuel des œuvres, comment donc un
» Français pourrait-il aliéner sa propre chair et sa
» personne ? La société seule peut priver un de ses
» membres de la liberté qu'il tient de la nature. S'il
» fallait rappeler ici d'autres précédens législatifs,
» on pourrait citer la loi de 1793, qui, déclarant

» la loi de contrainte abolie , ordonnait en même
» tems la mise en liberté des détenus pour dettes.
» Une mesure aussi générale pouvait sans doute lé-
» ser quelques droits acquis , mais le principe qui
» distingue l'acte de l'exécution prévalut et devait
» prévaloir. Cette loi ne fut pas plus rétroactive
» que ne le fut l'art. 2281 du code civil , lorsque ,
» raccourcissant toutes les prescriptions qui dépas-
» saient trente ans , il les fixa toutes à trente ans.

» Ce que le législateur crut devoir faire alors
» dans l'intérêt de la stabilité des propriétés , mal-
» gré des droits acquis à des tiers et conservés par
» la longueur connue et légale de ces prescriptions,
» comment né pourrait-il pas le faire en faveur de
» la liberté ? Quels intérêts furent jamais si grands
» que ceux-ci ? Quoi donc ! si aujourd'hui on portait
» une loi sur l'esclavage , et si l'on voulait en ac-
» corder les funestes effets , ne pourrait-on pas fixer
» les conditions d'un rachat volontaire, stipuler dans
» l'intérêt de l'esclave des avantages , il est vrai ,
» que son maître ne lui aurait point permis, assurer
» à l'enfance une éducation d'homme , au lieu du
» traitement qui l'abrutit tous les jours davantage ,
» laisser enfin à l'esclave vieilli quelques instans de
» plus de repos , et rendre plus léger pour lui un
» joug que vous n'oseriez encore briser ?.... Certes
» ce droit vous l'auriez et vous en useriez tous lé-
» gitimement.

» L'argument tiré de l'article 2281 du code ci-

» vil a sans doute la plus grande force. On peut
» l'appuyer sur un pareil précédent sans craindre
» d'être accusé d'avoir donné à la loi un effet ré-
» troactif.

» Mais il est un autre exemple législatif qui, dans
» la question, doit avoir le plus grand poids :

» L'ordonnance de Moulins soumettait le débi-
» teur à la contrainte par corps pour toutes dettes
» civiles ; l'ordonnance de 1667, changea la légis-
» lation à cet égard : les débiteurs civils furent af-
» franchis de cette loi de contrainte; mais, à l'époque
» où ce changement intervint, plusieurs débiteurs
» se trouvaient détenus en vertu de l'ordonnance de
» Moulins , comme le projet de loi, converti en
» loi, trouverait des détenus qui le seraient par suite
» des lois encore aujourd'hui existantes.

» Que fit-on en 1667 ?..... Louis XIV, dans son
» conseil, examina la question, et les magistrats dé-
» cidèrent que les détenus seraient mis en liberté. »

Tant que je l'ai pu, sans nuire à la noble cause
que je plaide, je me suis abstenu des citations : ici
elles étaient nécessaires à mon triomphe ; je ne les
pousserai pas plus avant. Ma voix va de nouveau se
faire entendre ; je vais répondre à M. Laisné, à ce
franc et loyal élu du peuple, qui n'a paru un instant
faire taire sa franchise que parce qu'il n'a pas voulu
être seul dans la pairie à demander l'abolition pure
et simple de la contrainte par corps, de cette contrainte qui ne fut concédée, le 15 germinal an 6,

que comme un mode d'exécution et non comme un droit. La question est toute dans cette vérité. Je vais le prouver par mes plaintes, que je paraphraserai sur les propres paroles du célèbre orateur.

Le législateur, lui répondrai-je, a le droit de régler pour le passé comme pour l'avenir toutes les stipulations sur la liberté des personnes ; il peut en graduer et en modifier la durée.

Toutes les maximes sur le principe de la non-rétroactivité des lois doivent se taire quand l'homme réclame la jouissance d'un droit qu'il tient de Dieu et de la nature : voilà qui est plus populaire que les aphorismes de ces inexorables docteurs qui auraient laissé subsister toutes les lois reconnues vicieuses, s'il n'avait tenu qu'à eux d'être aussi rigoristes que l'ont été les apologistes du principe de la non-rétroactivité des lois.

La contrainte par corps résulte d'une concession passagère et immorale que le fort a faite au détriment du faible. L'agneau n'a jamais pu empêcher que le loup ne le dévorât ; mais c'est pour cela aussi que ceux qui ont la puissance devraient protéger l'agneau partout où il se placerait, soit à la source, soit au confluent de la rivière.

La perte de la liberté, dites-vous, n'est pas une peine !..... Vous considérez la contrainte par corps comme une convention synallagmatique par laquelle on engage sa personne pour avoir des choses qu'on n'aurait pas eues sans cet engagement. Et c'est en

faveur de l'argent que vous avez prononcé cette hé-
résie !... Gardez vos trésors, si en les sortant de vos
coffres dorés, vous voulez vous procurer la faculté
d'avoir des esclaves. Il n'y a rien de synallagmatique
dans une pareille convention ; cinq ans de liberté
valent mieux que tous les trésors du monde. Que
pourriez-vous mettre en regard de la vie d'un homme,
dont l'air pestiféré des prisons compromet tous les
jours la durée ?

Quoi ! selon vous, un principe vous défend d'abréger le tems d'un affreux esclavage ; vous voulez qu'une
lettre de change soit un contrat volontaire et défini-
tif, parce qu'il est fondé sur une loi promulguée !
Mais vous ne faites pas attention que vous usurpez
des droits que vous n'avez pas reçus. Quelle est cette
loi promulguée pour le passé, et à laquelle vous
craignez de toucher ? C'est la loi du 15 germinal an 6,
qui n'est qu'une loi d'exception à la règle générale
proclamée par notre acte fondamental, et par tous
les Codes qui nous régissent. La liberté individuelle,
voilà le droit ; la contrainte par corps, voilà l'exception. Ces prétendus négocians, dont vous vous êtes
déclaré le défenseur, savaient, en traitant avec leurs
débiteurs, que la contrainte par corps n'a jamais été
qu'une concession temporaire, que le législateur, qui
l'accorde aujourd'hui, peut l'enlever demain : qu'ils
ne se targuent donc pas d'un droit acquis, du préjudice porté à des tiers ! Leurs droits n'étaient pas acquis, ils ne pouvaient donc pas les transmettre. Une

loi, un jugement, un contrat ne peuvent pas consacrer une obligation immorale ; on n'a jamais vu dans la balance de Thémis l'or, d'un côté, et la liberté individuelle, de l'autre ; si parfois la justice a eu de faux interprètes, les prévaricateurs ne doivent s'être endormis qu'en tremblant.

Le créancier que vous avez placé au-dessus de la loi et du juge sait bien, lorsqu'il exerce l'acte que vous appelez acte de coaction, que cet acte ne peut être consommé que par la vengeance ; car il ne peut réellement l'exercer que contre un insolvable, puisque ceux qui peuvent se libérer ne restent pas en prison. Vous aviez alors le droit de lui dire : « Puisque tu ne veux pas t'arrêter, je t'arrête ; tu abusais d'une concession que l'on avait cru pouvoir te faire passagèrement ; je te rappelle à la loi immuable de la nature. » Le commerçant, le fabricant, le trafiquant, le capitaliste et l'usurier ne doivent pas être au-dessus de la loi plus que le propriétaire et l'agriculteur. Celui qui prête son or voudrait-il avoir plus de privilége, que celui qui fait labourer la terre pour lui faire produire la subsistance du peuple. Vous voulez placer le trafic à l'abri d'un prétendu principe, quand les trafiquans sont eux-mêmes dépourvus de tous les principes ! Ils ne veulent pas se rendre aux sollicitations de l'humanité souffrante ; la dureté de leur ame inflexible n'obtiendra pas le refuge accordé aux honnêtes gens dans les décrets universels et immuables de la Providence. Ils la méconnaissent tous les jours cette Providence; ils craignent l'effet rétroactif d'une loi de justice, et ils souscriraient volontiers à une loi inique qui accorderait à leur cupidité ce même effet rétroactif.

Comment voulait-on faire croire que « le droit de » contrainte est une sorte d'hypothèque sur les per- » sonnes, qui fait partie des sûretés appartenant aux » créanciers? » Voulait-on reconnaître que les législateurs du mois de germinal an 6 avaient usé d'un droit incompréhensible? Mais ces législateurs n'avaient reçu ce droit ni de Dieu ni de la nature : ils l'avaient usurpé, comme ils en avaient usurpé tant d'autres; leurs commettans ne les en avaient pas investis, et les lois antérieures à leur loi barbare ne les y autorisaient nullement. Si quelqu'un a rétroagi, ce sont ces faiseurs de loi d'une époque fatale !... Ils se sont rendus coupables d'un parricide en cherchant à faire oublier les excès qu'ils avaient commis au nom de la liberté dont ils étaient indignes de se dire les enfans.

Ces centres auxquels tous les individus viennent se rallier, et qui sont les fondemens des sociétés, ne reposent nullement sur ce que la législation réprouve et proscrit. Le libre arbitre de l'homme doit s'arrêter là où on lui permettrait de commettre un suicide. Le Code de l'an 6 tombait dans le matérialisme: ses auteurs avaient assimilé la créature à la matière; ils avaient donné des droits qu'ils ne pouvaient pas accorder ; ils s'étaient placés en arrière des tems barbares, et cette disparité de position est d'autant plus pénible à observer, qu'elle mit nos nobles Pairs en opposition avec leurs principes. Ils craignaient d'avancer, et ils marchèrent en arrière ; dans la crainte de rétroagir en faveur de l'humanité, ils agirent en faveur de l'usure ; et c'est ainsi qu'en s'éloignant du principe fondamental, ils ont rétroagi dans la loi qu'ils voulaient donner à la France.

Où s'étaient donc réfugiés les vrais principes quand on assimila l'indigence à l'esclavage ?...

Les nobles Pairs s'étaient égarés quand ils crurent qu'une prison pourrait devenir un asile où l'on mangerait sans frémir le pain offert par un méchant incarcérateur.

La rétroactivité qui leur fit tant de peur n'effraie pourtant pas les hommes raisonnables quand il faut agir en faveur de l'humanité. Le vulgaire, qu'ils soupçonnaient de partager leur erreur, ne les aurait pas accusés de violer un principe s'ils avaient arrêté la hache du bourreau prête à tomber sur une tête innocente, contre laquelle on aurait obtenu la force de la chose jugée. Il n'aurait pas porté une accusation contre eux, s'ils avaient dit à un homme d'une couleur différente de la nôtre : « Sois libre, puisque, comme nous, tu es la créature de l'Éternel »; il aurait cherché, au contraire, à les excuser par leurs propres discours ; et, quand il se serait trouvé dans la position douteuse où nos législateurs avaient voulu se placer, il se serait éclairé à la lueur du feu sacré.

Là, il n'aurait pas vu dans la prison de l'un un lieu de délices pour un autre ; les mots d'emprisonnement et de contrainte par corps auraient été synonymes à ses yeux, et il aurait assimilé la clémence de la loi à la clémence des rois qui pardonnent.

Vous le voyez, illustre Pair, je ne veux pas vous reprocher vos erreurs ; je vous l'ai déjà dit en d'autres termes. J'aime mieux apercevoir dans votre obstination à faire valoir un prétendu principe, le désir qui vous animait de faire revenir le gouvernement à un principe plus sacré, celui de l'inaliénabilité des personnes. Votre cœur s'est montré à découvert, quand vous avez rejeté sur nos demi-philanthropes le reproche de n'avoir pas attaqué le principe de la contrainte par corps. Je vous ai donc deviné : vous vouliez, comme moi, que la loi de germinal fût entièrement abrogée. Vous n'avez élevé des difficultés, que pour aplanir la route du bien, de laquelle on voulait s'écarter, et de laquelle on s'écartera toujours lorsqu'il s'agira d'organiser la contrainte personnelle au lieu de la détruire.

Personne ne s'avisera de vous accuser d'ignorance. Mon cri de désespoir, qui ne peut pas être brillant comme vos allocutions, réveillera votre humanité ; il est poussé par un homme qui souffre. Le gouvernement l'entendra avec le même intérêt ; déjà les ministres avaient laissé dans leurs cartons la loi imparfaite qui avait été adoptée par la chambre qui vous écoute avec tant de confiance. Une nouvelle loi sera présentée à la sanction des deux chambres, et elle n'en sortira cette fois que lorsqu'elle aura été basée sur les véritables principes.

J'ai encore à dire bien des choses sur la distinction que vous avez faite entre une peine coërcitive, et ce que vous avez appelé un acte de coaction.

Le principe de la non-rétroactivité des lois a été consacré pour garantir des droits acquis sur les choses, mais non sur les personnes, qui sont inaliénables. Votre distinction serait tout au plus digne d'une de ces subtilités que quelques avocats se permettent parfois au barreau quand ils plaident une mauvaise cause. Mais les subtilités ne sont pas faites pour être dites à la tribune d'une chambre législative. Je vais maintenant vous donner la preuve que votre distinction n'était réellement qu'une subtilité.

Tout homme qui est dans une prison contre sa volonté y subit une peine, et cette peine est bien plus terrible quand c'est un particulier qui l'a ordonnée à la place du magistrat, qui ne l'aurait prononcée qu'en tremblant. L'homme se résigne facilement au châtiment qu'il a mérité, mais il ne se soumet pas volontiers à un acte de barbarie. Les corridors malsains de Sainte-Pélagie sont bien plus pénibles à habiter que les dortoirs aérés de Bicêtre. Ces deux monumens sont destinés à servir d'asile à l'individu que l'on prive de sa liberté : arrêté par un gendarme ou par un garde de commerce, on n'en est pas moins prisonnier. Les barreaux de fer d'une prison pour dettes offrent à mes yeux le même aspect que j'aperçois aux croisées de la Force. La pitance que des ames charitables et miséricordieuses font offrir aux prisonniers pour dettes est-elle préparée à un autre feu que celui où on a fait cuire la pitance du condamné, qui ne se trouve séparé de nous que par une cloison.

Il en est tems encore, vous vous apercevrez que c'est en cherchant à respecter les principes que vous les avez violés. Revenez-y, rendez hommage à la liberté individuelle, proscrivez la contrainte par corps, qui, comme je l'ai déjà fait entendre, n'est qu'une loi d'exception, en opposition à la Charte et au Code civil; ne confondez plus la matière avec ce qui la fait mouvoir, et rappelez-vous bien, en nous donnant des lois, que, s'il fallait punir tout particulier duquel un autre individu aurait à se plaindre, le globe ne serait plus qu'une prison. Occupez-vous de prévenir tout ce qui peut blesser l'ordre public, dites à tout sujet de la loi générale : Si tu as été blessé dans les choses qui t'appartiennent, venge-toi dans les choses de celui qui t'a blessé de cette manière; si tu as mal placé ta confiance, rien ne t'obligeait à l'abandonner aussi bénévolement; si tu es victime d'un crime ou d'un délit, fais punir le criminel en chargeant les magistrats de ta vengeance : mais songe, en exerçant les droits qui t'appartiendront chez tous les peuples civilisés, que Dieu, qui doit juger un jour en dernier ressort l'offenseur, jugera aussi l'offensé. Voilà ce que la raison et la morale disent d'un commun accord : obéis.

Je ne veux rien oublier de ce qui doit justifier mes plaintes relativement au rejet de l'article 35 du projet du gouvernement. Mes reproches, sur ce point, doivent être d'autant plus complets que mon désespoir deviendrait bien plus grand qu'il ne l'a été jusqu'à ce moment, si mes griefs ne devaient pas avoir des conséquences favorables sur la loi qui sera tôt ou tard présentée, soit qu'elle supprime entièrement la contrainte par corps, soit qu'elle ne la rende applicable qu'aux individus qui sont réellement négocians dans toute l'acception du mot.

Lorsque le Code pénal qui nous régit, fut mis à exécution, le législateur ordonna que la peine la plus douce serait appliquée aux accusés qui n'étaient pas encore jugés, soit que cette peine fût portée à l'ancien Code des délits et des peines, soit qu'elle le fût au Code qui le remplaçait. Les adoucissemens apportés par une nouvelle législation s'appliquent toujours à ceux qui sont sous le poids d'une législation plus sévère. Toutes les fois que la législature s'est occupée de la contrainte par corps et qu'elle en a abrogé ou modifié l'usage, la loi nouvelle qui est sortie de sa délibération a ordonné son application en faveur des justiciables de la loi antérieurement en vigueur. Sous Louis XIV, sous le roi martyr, sous l'empire même du Code civil, cette règle a été rigoureusement suivie : s'il en était autrement, les vues bienfaisantes du Roi et des Chambres ne pourraient jamais être appliquées aux incarcérés pour dettes. L'incarcération continuerait à être l'arme favorite des usuriers et des méchans. Ceux-ci auraient soin de faire antidater les titres qui leur seraient souscrits, et, forts des prétendus principes du célèbre orateur que j'ai si vivement combattu, ils diraient aux tribunaux : « J'ai accepté le titre qui m'a été offert sous l'empire d'une loi qui accordait la contrainte par corps, c'est un droit acquis que je réclame ; » et les tribunaux seraient forcés de le croire, parce qu'il est permis à des individus, qui ne sont pas obligés à tenir des livres, d'accepter du papier et de le mettre en circulation, et que la plupart des lettres de change qu'ils font accepter leur sont données en blanc, qu'ils sont maîtres de la date et de la contexture, et qu'au moyen de la postdate, les mineurs eux-mêmes ne sont pas à l'abri de cette fraude.

Si ces observations étaient venues à la pensée du pair dont l'éloquence nous a été si funeste, elles l'auraient fait renoncer au projet qu'il avait conçu dans l'intention que je lui ai déjà supposée.

Et s'il faut encore faire entendre un nouveau moyen en faveur des principes dont je me suis fait fort, je le tirerai de ce que l'article 35 du projet n'a été rejeté qu'après deux épreuves douteuses, et que, par cela seul qu'il y avait du doute, on aurait dû faire triompher la cause de l'humanité contre la contrainte par corps.

Peut-être vais-je me laisser mouvoir un instant par un amour-propre condamnable, mais j'ai l'intime conviction que, si le noble vicomte m'a compris, il ne tiendra plus le même langage ; j'en appelle à sa franchise et à sa loyauté. J'aurai été entendu, j'aime à m'en flatter, si l'humanité et la philanthropie se réunissent ensuite pour opérer tout le bien que, plus tard, j'ose en attendre.

Une loi sera proposée à la première session du corps législatif ; cette loi sera rapportée aux deux Chambres comme si elle n'avait pas été discutée dans le sein d'une de ces Chambres. Cicéron sera encore une fois entendu : mais cette fois son éloquence cessera d'être dangereuse ; il aura mieux étudié la question de rétroactivité, qu'il ne l'avait fait l'année dernière ; il ne confondra plus le commerce avec l'usure, les droits acquis avec un mode d'exécution. Les usuriers seront à ses yeux ce qu'ils sont aux yeux des personnes qui ont eu le malheur de s'adresser à eux ; il les considérera comme des êtres qui empruntent tous les masques pour détruire la liberté ; il les foudroiera de son éloquence, et la loi de la contrainte par corps sera abolie ; tous les détenus en vertu de cette loi seront mis en liberté, parce que la loi en vertu de laquelle on les a arrêtés n'est qu'une loi d'exception au principe de la liberté individuelle.

Ce bienfait ne blessera nullement le principe immuable de la non-rétroactivité des lois, et je m'estimerai heureux si le cri que je n'ai pas redouté de pousser de toutes mes forces, a contribué à nous faire accorder les douceurs d'une nouvelle législation.

ART. 35, 36 et 37. Pourquoi faut-il que la discussion de l'art. 35 du projet du gouvernement, qui fut rejeté, n'ait pas été renvoyé au lendemain? on n'aurait pas été obligé de reculer devant l'ouvrage de la veille, on ne se serait pas vu forcé d'accuser l'intelligence des organes de la justice; on n'aurait pas donné à des victimes le droit de maudire les arrêts en vertu desquels on les avait tenues en prison quand elles auraient dû jouir de leur liberté. Le vieux prisonnier américain qui gémit depuis plus de vingt-deux ans dans la prison de Sainte-Pélagie, ne serait pas autorisé à accuser ses juges d'avoir permis contre lui un emprisonnement indéfini, qui ne devait durer que cinq ans. Je m'explique :

Depuis la promulgation du Code de procédure civile, les magistrats ont interprété le silence de ce Code, mais avec cet esprit de prévention et de tendance qui leur fait presque toujours donner tort à l'incarcéré pour dettes.

La trop terrible loi du 15 germinal an 6 avait fixé à cinq ans la durée de l'emprisonnement pour dettes : ses dispositions avaient toujours été respectées jusqu'à la promulgation du Code de procédure civile, qui porte dans son art. 1041 que « ce Code sera exé-
» cuté à dater du 1er janvier 1807, en conséquence,
» que tous procès qui seraient intentés depuis cette
» époque, seraient instruits conformément à ses dis-

» positions ; que toutes les lois, coutumes, usages et
» réglemens relatifs à la procédure seraient abro-
» gés. »

Ce Code contient un titre qui règle le mode d'exécution de la barbare contrainte. Ce titre, qui est le
titre 15, a fait tomber toutes les dispositions qui lui
étaient contraires, et en a consacré d'autres qui étaient
insérées dans la loi du 15 germinal an 6.

Mais ce Code, qui n'a pas laissé échapper une seule
circonstance de celles qui devaient servir à l'arrestation d'un débiteur, a oublié de fixer, comme l'avait
fait la loi de germinal, le terme où l'incarcération
devait cesser.

Cette lacune fut aussitôt interprétée : la loi, di-
sait-on, n'a pas fixé de terme à la durée de l'emprisonnement en matière civile, donc cet emprisonnement doit être perpétuel pour tous ceux qui sont
enfermés pour une dette civile, et qui ne le sont pas
en vertu de la loi de germinal.

La même interprétation fut donnée à la loi du
10 septembre 1807, concernant les étrangers : cette
loi de vengeance contenait la même lacune que le
Code de procédure civile.

Ainsi, d'après la jurisprudence des arrêts, tous
les débiteurs en vertu de titres purement civils, les
étrangers, les condamnés pour amendes, dommages-
intérêts ou quasi-délits, devaient rester perpétuellement en prison, tandis que, des considérations
qui ont amené l'adoption des art. 35, 36 et 37 de

la loi votée par les pairs de France, il résulterait que les débiteurs civils, étrangers ou condamnés à des amendes, qui ont resté plus de cinq ans en prison, y ont été retenus par une jurisprudence erronée dans laquelle nos juges ont persisté, même depuis qu'elle aurait été proscrite par l'adoption de ces articles.

Cependant, je dois dire, en faveur des juges, présidés par l'honorable M. de Belleyme, que le tribunal de 1ʳᵉ instance de la Seine vient lui-même de proscrire l'erreur dans laquelle il était si long-tems tombé. Il vient de reconnaître, par son jugement en date du 24 mars 1830 (affaire Sheppard), plaidant Mᵉ Barthe, que les étrangers devaient jouir des mêmes droits acquis aux Français, de sortir de plein droit des prisons pour dettes, après y avoir resté cinq années consécutives. Sa jurisprudence est donc réformée.

Cela ne doit pas m'empêcher de dire la vérité tout entière : je vais me prononcer sur la controverse qui s'était élevée entre les Pairs de France et les juges de notre pays.

Les Pairs avaient raison !

Quoi ! parce que le Code de procédure civile ne portait pas une disposition qu'on n'avait pas cru nécessaire d'y intercaler ; parce que ce Code n'abrogeait la loi de germinal, que dans les dispositions qui lui étaient contraires, fallait-il croire qu'on avait voulu condamner à une détention perpétuelle les malheureux débiteurs de dettes civiles? Fallait-il se

laisser entraîner à la même inhumanité contre les
infortunés étrangers, que l'empereur, dans sa vengeance, avait ordonné d'arrêter, en les privant des
formes tutélaires, toujours conservatrices de nos
droits? Non; je le dis encore, les Pairs de France
ont eu raison de penser qu'aucun prisonnier pour
dettes ne pouvait être détenu au-delà de cinq ans.
Les tribunaux ont erré, parce qu'ils n'ont pas voulu
mettre de côté leur maxime : *Tu dois, tu as tort.*

Mais si j'ai fait entendre la vérité en faveur des
nobles pairs, à qui je la devais, et à qui je me
suis permis de la dire souvent d'une manière moins
laudative, ce n'est pas le cas de leur cacher une
autre vérité, qui n'aurait pas été rendue si palpable
si l'art. 35 du projet de loi du gouvernement n'avait
pas été rejeté.

En effet, en appliquant à tous les détenus pour
dettes, que la loi aurait trouvés captifs au moment
de sa promulgation, le principe *favores ampliandi…*
on aurait évité les funestes conséquences qui seraient
résultées de leur contradiction, on n'aurait eu à se
louer que du bienfait, et on n'en aurait pas discuté
toutes les nuances.

Les débiteurs de dettes civiles et les étrangers
n'auraient pas eu le droit de reprocher à leurs juges
une de leurs erreurs, puisqu'il est vrai de dire que
la discussion a prouvé qu'aucune loi ne fixait de
terme plus long à l'emprisonnement pour dettes, que
celui qui était prescrit par la loi du 15 germinal

an 6. C'est bien ici le cas de dire qu'une erreur nous conduit toujours à une autre erreur. Les deux fautes que je viens de signaler sont aussi évidentes l'une que l'autre. Le vulgaire en tirera cette conséquence que les lois parfaites sont impossibles, et que les arrêts de nos juges ne sont pas toujours inspirés par le juge des juges, qui ne se trompe jamais.

J'ai dévoilé toute ma pensée. La morale me défend de lui donner de plus longs développemens. Ici, mon cri pourrait dépasser les bornes que je lui ai prescrites.

En lisant les trois articles contre lesquels je m'élève en ce moment, deux suppositions se présentent à l'imagination la moins active : ou ces articles étaient entachés du vice de rétroactivité qu'on avait reproché à l'art. 35 du projet du gouvernement, et devaient par conséquent être rejetés, ou ils devaient être adoptés comme moyens transitoires ; dans le premier cas, on aurait fait encore une fausse application du principe de la non-rétroactivité des lois. Dans le second, on aurait dû reconnaître l'urgence de mettre en liberté de suite ceux des détenus civils qui étaient depuis plus de cinq ans en prison.

On était libre d'aggraver la peine pour le tems à venir ; mais il fallait aussi, puisqu'on avait reconnu que la jurisprudence avait faussé la législation ancienne, s'en tenir à cette législation lorsqu'elle était plus bienfaisante que celle que l'on voulait nous imposer.

Pourquoi encore avait-on retardé d'un ou de deux mois la mise à exécution d'un acte de justice trop long-tems méconnu ? C'est que les hommes qui jouissent de leur liberté ne connaissent pas tout ce qu'on souffre quand on est dans l'esclavage.

Cependant, parmi les pairs de France il en est qui ont enduré la captivité pendant nos crises révolutionnaires. Ils avaient sans doute oublié leurs tourmens passés. Cette fois leur vertu nous a été nuisible, je ne puis pas leur en faire un reproche. Les Français se ressemblent tous : chez eux, la prospérité éloigne tellement l'idée de l'adversité qu'on n'a pas encore un seul exemple qu'une des victimes de la contrainte par corps n'ait pas laissé toutes ses rancunes sur le seuil de la porte que l'on ordonne de lui ouvrir quand il est décidé qu'il sera rendu à sa famille et à sa patrie.

Ce tableau satisfaisant des vertus qui caractérisent le plus communément tous les hommes, ne doit pas me faire perdre de vue que j'ai encore à me plaindre. Je continue ma critique :

Si l'article 35 du projet de loi du gouvernement était entaché de rétroactivité, les art. 35, 36 et 37 adoptés par les pairs de France, portaient, selon moi, le même caractère. Le besoin de leur cœur les a forcés de se mettre en opposition avec eux-mêmes.

La jurisprudence adoptée par les tribunaux avait consacré une erreur : ils décidaient que les débiteurs pour cause civile, et les étrangers, ne pouvaient

sortir de prison, qu'en se libérant envers leurs créanciers d'une manière légale. Cependant les pairs de
France ont ensuite reconnu qu'aucune loi ne fixant
de terme à l'emprisonnement pour dettes, si ce n'est
celle du 15 germinal an 6, il fallait avoir recours à
cette loi pour rendre à la liberté ceux qui avaient
été retenus pendant un tems plus long que cinq ans.

Notre éloquent antagoniste s'est ravisé, il est revenu sur ses pas ; disons mieux, il a persévéré dans
son système d'abolition de la contrainte par corps,
enraciné dans son ame généreuse avec tous les sentimens d'humanité qui le distinguent ; il a mieux
aimé se placer dans une contradiction apparente, que
de laisser suivre sa route à une loi qui n'avait pas
pris le véritable mouvement que les philanthropes
voulaient lui imprimer. Je veux qu'il donne lui-même
la preuve de ce que je pense à son égard. Cette fois
je vais le laisser parler, il appuiera ma pensée ;
écoutons :

   « Le même motif, dit-il, qui a fait rejeter l'ar-
» ticle 35 du projet du gouvernement, n'existe pas
» pour les articles qui suivent ce projet. Je persiste
» à penser, d'après le rapprochement des trois titres
» de la loi de germinal, qu'elle avait aussi fixé à cinq
» ans le délai de la détention en matière civile, et,
» dans mon opinion, c'est à ce nombre d'années
» qu'elle doit être réduite : mais je respecte l'opi-
» nion qui, se fondant sur le silence des Codes pour
» la durée, représente que le tems est indéterminé ;

» il suffit, d'une part, que le nombre des années n'ait
» pas été fixé, et, de l'autre, que les lois, soit par la
» lettre, soit par leur esprit, n'aient pas disposé que
» la détention serait perpétuelle, pour que le légis-
» lateur ait le droit de fixer le terme de la détention
» pour les jugemens ou pour les contrats antérieurs.
» Ce n'est pas là rétroagir : c'est ou confirmer la loi
» de germinal, si on pense qu'elle a fixé à cinq ans
» aussi le délai pour les matières civiles, ou remplir
» une lacune en fixant un terme reconnu indéter-
» miné, ce n'est pas même faire une loi interpré-
» tative.

» S'il était besoin d'interpréter, comment contester
» à la couronne le droit de proposer une loi inter-
» prétative ? De ce qu'une loi a imposé l'obligation
» législative d'interpréter quand on n'a plus l'espoir
» de concilier des arrêts contraires sur tel sujet con-
» testé, ce n'est pas une raison pour que la couronne
» ne puisse, de son propre mouvement, présenter
» des lois interprétatives sans attendre les arrêts con-
» traires de plusieurs cours : dire le contraire, ce
» serait limiter la prérogative royale elle-même.
» Sur le point en délibération, la loi qu'on appelle-
» rait interprétative ne réagirait pas sur le passé,
» par les raisons déjà exposées. Il peut se faire que
» les termes de la rédaction proposée présentent une
» apparence rétroactive ; mais il est bien aisé de la
» faire disparaître, puisqu'il n'y a pas de rétroacti-
» vité dans la disposition.

» Je déclare que si l'on n'avait accusé que moi de
» faire le lendemain des dispositions contraires à
» celles de la veille, je garderais le silence ; mais, ce
» reproche étant adressé aussi aux délibérations de
» la Chambre, c'est un devoir de m'expliquer. Hier
» la Chambre a décidé que la loi de germinal lui
» paraissait formelle à l'égard des septuagénaires,
» débiteurs en matière commerciale ; elle ne pou-
» vait abréger le terme de leur détention sans ré-
» troagir : aujourd'hui, trouvant positif que le terme
» de la détention en matière civile est au moins resté
» indéterminé dans les lois et les jugemens, elle
» décide que la durée de la détention aura pour
» terme la limite la plus éloignée de la loi qu'on va
» voter. Hier la Chambre n'a pu se résoudre à amen-
» der une loi positive et en vigueur, même par hu-
» manité ; aujourd'hui sa justice l'a portée à fixer à
» la détention civile une durée qui n'avait pas en-
» core été déterminée. Elle a raison de se féliciter
» aujourd'hui que le droit soit d'accord avec l'hu-
» manité : il n'y a là ni contradiction ni inconsé-
» quence. Quant aux étrangers, je trouve juste de
» les traiter comme les Français ; les dispositions re-
» latives aux Français commerçans sont, à plus forte
» raison, applicables aux étrangers de la même pro-
» fession ; et il n'est pas à croire qu'après la pro-
» mulgation de la loi les étrangers septuagénaires
» soient plus favorisés que les régnicoles. Les juge-
» mens se motivent sur le sens évident des lois. »

Ce n'est pas à moi à faire ressortir la contradiction qui existe entre la résolution du jour et celle du lendemain. Les détenus pour dettes civiles et les étrangers avaient accepté avec reconnaissance un bienfait qui n'aurait pas dû se faire si long-tems attendre, qu'il fût rétroactif ou non rétroactif. S'il est encore retardé, c'est qu'on n'a pas voulu qu'ils fussent les seuls à bénir nos législateurs ; c'est que le gouvernement a été convaincu que dans le délai expiré d'une année de réflexions, les deux Chambres se persuaderaient, comme il l'était lui-même, que la contrainte par corps est un mode d'exécution et non un droit acquis. Sans cela la loi aurait été présentée à la Chambre des Députés, pendant la session dernière, et ensuite sanctionnée par le pouvoir souverain. Si cela ne s'est pas ainsi terminé, c'est qu'on s'est aperçu que le bienfait ainsi accordé n'aurait été qu'un demi-bienfait.

Déjà on avait proclamé qu'il n'y a de rétroactivité véritable, que là où il y a loi antérieure positive ; qu'aucune loi ne réglant la durée de la contrainte par corps pour les détenus civils, les étrangers et les condamnés en matière criminelle, correctionnelle et de simple police, il n'y avait aucun obstacle à ce que la loi nouvelle fixât un délai, puisqu'elle le pouvait faire sans rétroagir.

On voulait bien se jeter dans une autre contradiction, en rendant la loi applicable à tous les individus qui seraient arrêtés postérieurement à sa publication et à quelque époque que remontassent leurs engagemens et les condamnations qui en auraient été la suite ; mais on s'aperçut sans doute que le débiteur confiant en sa bonne foi serait plus durement traité que celui qui se serait soustrait à l'exécution par une fuite qui, quelquefois, n'aurait pas été sans reproches. L'article additionnel fut donc rejeté ; si on l'avait admis, Thémis aurait eu deux balances, et, cette fois, on les lui aurait placées sciemment dans les mains.

Art. 38 et dernier. C'est par l'art. 38 qu'on aurait dû commencer la loi nouvelle. Cet article renfermait à lui seul le principe qu'il fallait consacrer. En abrogeant la loi du 15 germinal an 6, et en ordonnant la mise en liberté de toutes les personnes détenues en vertu de cette loi barbare, on aurait ainsi rendu hommage au principe de notre droit civil qui consacre la liberté individuelle de quiconque ne commet pas des crimes ou des délits, et on aurait mis un terme à cette loi d'exception, qui depuis trop long-tems dépare la législation française.

Les seuls articles qui auraient dû suivre cet acte de justice et d'humanité que l'usure seule peut repousser, se seraient bornés à donner des règles fixes sur les faillites et la cession de biens.

Une autre loi, proposée en même tems que la loi abolitive, aurait donné un nouveau titre au Code pénal, dans lequel on aurait classé tous les délits ou quasi-délits résultant du non paiement et de la violation du serment d'insolvabilité que je voudrais voir introduire dans notre législation concernant les emprunts et le non paiement de la dette contractée.

On juge maintenant, comme je l'ai déjà observé, que je suis loin de vouloir favoriser la fraude, et que je place les partisans de la contrainte par corps dans l'impossibilité de dire qu'on leur a enlevé leurs garanties. Je veux qu'on leur en donne de plus solides.

Je mettrai un terme à mes plaintes quand j'aurai mis au jour les observations que j'ai faites relativement à la cession de biens et à la faillite.

§ XII.

DE LA CESSION DE BIENS.

Si j'étais juge, je n'aurais pas la prétention d'être infaillible : mais, si j'errais dans mes jugemens lorsque j'aurais à décider des questions de liberté individuelle, ce serait par trop d'indulgence plutôt que par trop de sévérité.

Quelques tribunaux semblent avoir adopté le système opposé au mien ; ils ne sont jamais si sévères, que lorsqu'ils prononcent sur le sort des malheureux détenus pour dettes.

Si je n'étais pas fatigué de toutes les plaintes que j'ai déjà portées, je prouverais par des exemples sans nombre la vérité de mes observations. Mais, puisque j'ai résolu de ne pas abuser de l'attention des personnes qui m'écoutent, je vais me restreindre à faire ressortir les vices de la jurisprudence adoptée par quelques tribunaux sur la cession des biens.

Je crois l'avoir déjà dit plusieurs fois : le nombre des débiteurs incarcérés à Sainte-Pélagie s'élève annuellement de douze à quinze cents ; sur ce nombre, trois des détenus actuels ont demandé à céder leurs biens à leurs créanciers, et tous les trois ils ont été déclarés non recevables par les magistrats auxquels ils se sont adressés ; faute d'argent, ils ne sont pas allés non plus en appel ; qu'il me soit donc permis de dire, sans blesser la délicatesse des juges du premier ressort, que souvent ils cessent d'y voir, parce qu'ils veulent se mettre au-dessus du législateur qui a fait la loi dont ils ne devraient être que les organes, et que, d'un autre côté, ils permettent à Messieurs les gens du Roi de faire des amplifications de rhétorique, quand ceux-ci devraient se contenter d'ouvrir leur Code pour y lire les règles qui leur sont tracées dans l'intérêt de la société qu'ils représentent. En remplissant ainsi leur ministère, ils verraient dans ce livre, qui devrait être sacré pour eux, que « la cession de biens judiciaires est un bénéfice » accordé au débiteur malheureux et de bonne foi, » auquel il est permis, pour avoir la liberté de sa per- » sonne, de faire en justice l'abandon de tous ses biens » à ses créanciers, nonobstant toute stipulation con- » traire ; que les créanciers ne peuvent refuser cette » cession, si ce n'est dans les cas exceptés par la loi ; » qu'elle opère la décharge de la contrainte par » corps. »

Telles sont les dispositions à peu près textuelles des art. 1268 et 1270 du Code civil.

L'esprit qui a dicté ces articles est facile à apercevoir ; ils ont été conçus pour donner à la liberté individuelle les garanties qui doivent la mettre à l'abri de la contrainte par corps.

Sur ce point le législateur a toujours manifesté le même désir : la coïncidence des art. 905 du Code de procédure civile et 575 du Code de commerce prouve, bien mieux que toutes les amplifications des magistrats du parquet, que tous les détenus pour dettes ont les mêmes droits aux bienfaits de la loi, s'ils sont Français, si on ne peut pas leur reprocher d'être stellionataires, banqueroutiers frauduleux, d'avoir été condamnés pour cause d'escroquerie ou de vol, et s'ils né sont pas débiteurs en qualité de comptables, tuteurs, administrateurs ou dépositaires.

Les commentateurs de nos Codes ont expliqué, avec leur logique accoutumée, les causes de ces seules exceptions ; les biens des étrangers ne sont pas à la portée de leurs créanciers français ; les stellionataires, les escrocs, les voleurs ont donné plus ou moins la preuve de leur mauvaise foi ; les comptables, tuteurs, administrateurs et dépositaires ont disposé des fonds qui ne leur appartenaient pas : ils ont tous prévariqué.

Il est donc de toute évidence que les tribunaux se trompent lorsqu'ils n'admettent pas à la cession de biens tous les malheureux qui ne sont pas dans les catégories des exceptions légales et qui sollicitent le bénéfice de la loi. L'art. 905 du Code de procédure civile, dont les dispositions sont répétées par l'article 575 du Code de commerce, n'est que le complément de l'art. 1270 du Code civil, qui veut que les créanciers ne puissent refuser la cession, si ce n'est dans les cas exceptés par la loi.

En d'autres termes : La loi ne veut pas que par vengeance un créancier puisse retenir en prison son débiteur, qui est dans un état d'insolvabilité notoire.

Je vais donner quelques développemens à ce principe : Celui qui doit a trouvé antérieurement à sa dette le moyen d'emprunter de l'argent. L'emprunt a eu pour but l'amélioration de l'état de celui qui empruntait, et la spéculation de celui qui prêtait à charge d'intérêts. L'emprunteur offrait en faveur de sa libération des garanties matérielles ou morales ; il n'avait pas forcé la main de celui qui lui prêtait ; celui-ci était libre de donner ou de garder son argent ; il fallait donc qu'il se soumît à toutes les chances de son abandon ; s'il prêtait à un prodigue, à un joueur, à un spéculateur, son prêt était une espèce de contract aléatoire, incompatible avec la contrainte par corps, puisque la loi ne lui disait pas que le prodigue, le joueur et le faux spéculateur ne seraient pas admis à la cession judiciaire. S'il confiait son argent à un stellionataire ou à un dépositaire infidèle, ceux-ci ne pouvaient pas arguer de leur bonne foi ; tandis que le prodigue pouvait compter sur des ressources qui finissent par lui manquer, le joueur sur le caprice du sort, le faux spéculateur sur un avenir qui l'abusait. Telle est la ligne que le législateur a tracée, telle est la barrière que l'on n'aurait jamais dû franchir.

Cependant quelques tribunaux méconnaissent ces principes ; ils repoussent du bénéfice de la loi les malheureux détenus pour dettes, et leurs refus sont presque toujours basés sur les mêmes considérations.

L'avocat, le militaire, le boucher sont également

coupables à leurs yeux des mêmes malheurs. Ils n'ont pas tenu des livres réguliers comme un négociant qui prévoit que de mauvaises affaires ou des calculs répréhensibles peuvent l'amener à une faillite ou à une banqueroute ; ils n'ont pas essuyé des naufrages, des incendies, des inondations et des faillites ; et c'est par ces raisons, qui ne devraient pas seulement leur être alléguées, qu'ils sont considérés comme n'ayant pas justifié de leurs pertes, comme n'ayant pas donné la preuve de leur bonne foi.

Ah ! qu'il y aurait de malheureux à plaindre, si les Cours royales, sur qui repose le palladium de nos libertés, et dont la justice égale les lumières, ne plaçaient d'un côté de la balance l'escroc et l'usurier, de l'autre, l'honnête homme malheureux et l'innocent qu'on persécute !

Les détenus pour dettes, dont la cession a été refusée en première instance, et qui n'ont pas encore été en appel, parce qu'ils sont réellement insolvables, gémissent encore dans les fers. Le fisc et les procureurs les ont repoussés dans leur prison, parce qu'ils n'avaient pas les mains garnies. La société de la morale chrétienne, elle-même, a déclaré qu'elle ne donnait pas de défenseurs gratuits aux détenus pour dettes : un préjugé, qu'elle partage, sans doute involontairement, avec ceux qui ne jugent Sainte-Pélagie que par ce qui en a été dit dans certains vaudevilles, a privé de ses faveurs quelques-uns de mes malheureux compagnons d'infortune qui avaient réclamé ses secours, tandis qu'elle les prodigue aux prisonniers qui sont prévenus d'un délit. Sa philanthropie, que tout le monde admire, ne s'est égarée que pour nous seuls.

Le débiteur sans argent est pourtant plus digne de compassion, que le prévenu d'un délit dont la société peut avoir à se plaindre. On a souvent raison quoique l'on se trouve placé sous les verroux de Sainte-Pélagie; mais il n'est pas permis à ceux qui y sont renfermés de faire des visites à leurs juges. Leurs incarcérateurs peuvent les calomnier avant l'heure de l'audience; et les préventions!... les préventions!...

Ainsi, plus de doute que la cession de biens ne devrait être refusée qu'aux débiteurs qui seraient convaincus d'avoir soustrait aux poursuites de leurs créanciers l'argent qu'on leur aurait prêté : mais alors leur cause serait criminelle, puisque cette preuve aurait été faite après que le serment d'insolvabilité aurait été violé par celui qui se serait dit faussement insolvable.

Ce serment d'insolvabilité dont j'ai parlé déjà plusieurs fois, et dont je ne puis pas me lasser de parler, diminuerait les frais qu'il faut exposer pour arriver à la cession de biens.

L'homme qui parle à Dieu n'a pas besoin d'être assisté par des avocats. Son ame, qu'il compromettrait par un parjure, peut s'épancher sans être soutenue par autrui; il n'est pas nécessaire d'être logicien, quand on s'engage par la sainteté du serment.

8

§ XIII.

DE LA FAILLITE.

Me voilà arrivé au seul cas où le magistrat devrait ordonner l'arrestation d'un débiteur : mais la captivité alors ne devrait pas être qualifiée de contrainte par corps, puisqu'elle ne serait que préventive ; ce serait l'acte de dépôt d'un failli dans une maison d'arrêt spécialement destinée à ce dépôt, qui n'aurait momentanément rien de coercitif, mais qui serait, je le répète, seulement préventif en cas de fraude, d'imprudence ou de négligence de la part du négociant qui aurait suspendu ses paiemens.

Je me plais à rendre plus de justice aux commerçans, que ne le firent les législateurs de l'empire, qui contribuèrent à faire adopter les dispositions trop rigoureuses que le Code de commerce renferme dans son ensemble mal combiné. J'aime à croire qu'il n'y a presque pas de négocians qui cherchent à s'enrichir aux dépens de leurs créanciers, et c'est pour cela que je voudrais voir abolir tout ce vain appareil de sévérité qui, en définitive, ne tombe que sur le malheureux qui le mérite le moins.

S'il existe parmi les négocians quelques hommes égarés qui ne pensent pas comme l'honorable M. Lafitte au sujet de la contrainte par corps, ceux-là du moins reconnaîtront dans tout ce que je vais dire, que je n'ai point de rancune de ce qu'ils se

sont déclarés les apologistes de la loi qui chaque année porte la désolation dans un grand nombre de
familles.

J'aurais trop à dire si j'avais à faire ressortir le
danger qui existe d'exécuter à la lettre toutes les mesures de détail et de fiscalité qui détruisent l'avoir
de presque toutes les faillites; je veux seulement signaler les rigueurs que le Code de commerce a consacrées, et qui ne tendent qu'à éloigner la vérité du
sanctuaire de la justice.

Si ces rigueurs avaient toujours été considérées
comme salutaires, tout failli se serait vu transformer, après le premier acte de sa faillite, en banqueroutier simple ou frauduleux.

En effet, quel est le commerçant qui pourrait dire
avec confiance : Je n'ai pas un seul ennemi parmi
mes créanciers, personne ne trouvera excessive la
dépense de ma maison, par cela seul que je suis convaincu qu'elle a toujours été dirigée avec la plus stricte
économie; mes opérations calculées ne seront pas trai-
tées, par des méchans, d'opérations de pur hasard;
la nécessité, l'espoir d'un meilleur avenir ont légi-
timé tous mes emprunts; c'est par ces seules raisons, que j'ai vendu des marchandises au-dessous du
cours.

Les méchans écouteraient-ils avec plus de bien-
veillance le failli qui leur dirait : J'ai donné des signatures de crédit et de circulation, parce que l'intérêt de ma maison commerciale le commandait, et

que j'y fus encore encouragé par l'espoir d'améliorer, à l'aide de ce moyen, la situation malheureuse de mes affaires; je n'ai pas déclaré au greffe, dans les trois jours, la cessation de mes paiemens, parce que j'avais la conviction que la gêne momentanée de ma maison était sur le point de cesser; je ne me suis pas présenté à mes syndics, parce que je craignais de montrer à des tiers des souffrances et un état de situation qu'il m'aurait été bien satisfaisant de pouvoir cacher à tout le monde; en me livrant au commerce, j'y étais entré probe et je voulais en sortir intact; j'avais la conviction de ne tomber jamais en faillite, voilà pourquoi je n'ai tenu que des livres imparfaits; je ne les avais établis que pour me rendre raison de mes affaires, auxquelles toute ma famille s'intéressait avec la même bonne foi que celle dont j'ai moi-même toujours donné des preuves.

Ce résumé des rigueurs entassées dans le Code de commerce, et que je viens de faire ressortir en faisant parler un négociant vertueux qui aurait été trompé dans ses espérances, n'est-il pas dans le cas d'autoriser tous les commerçans qui tombent en faillite et qui sont ensuite accusés de banqueroute, de dire à tous leurs collègues assemblés : « Que ceux d'entre » vous qui n'ont rien à se reprocher me jettent la » première pierre. »

Mainte fois j'ai entendu répéter à un magistrat intègre, qui appartenait au ministère public, et qui pourtant ne voyait pas toujours des coupables dans tous les accusés, que ceux des faillis dont il avait été chargé d'examiner la conduite, et qui étaient le plus en règle dans la tenue de leurs livres, se trouvaient parmi ces hommes indignes du commerce qui avaient calculé, même en récidive, des banqueroutes frauduleuses. J'ai moi-même la conviction personnelle que ce sont ces mêmes spéculateurs de mauvaise foi qui crient aujourd'hui que la contrainte par corps est nécessaire au commerce; car, si elle était abolie, comment feraient-ils leur trafic des lettres de change souscrites par des non-négocians? lettres de change qu'ils achètent pour rien et au moyen desquelles ils établissent la balance frauduleuse de leurs livres burinés, dans le même mois, et par la même main.

Je veux qu'après avoir été témoin de mes plaintes, les véritables négocians éloignent du sein de la Bourse tous les usuriers qui oseraient encore dire que la contrainte par corps est utile et nécessaire au commerce.

Le cercle dans lequel je me renferme en ce moment est trop étroit pour que je puisse tracer ici ce qu'il y aurait à faire pour parvenir à avoir une bonne loi sur les faillites.

J'éprouve la satisfaction de me réunir à un homme probe, à un ancien négociant, à un confrère estimable, à M. Giraudeau, si avantageusement connu parmi ceux qui s'occupent de scruter les faillites pour chercher les moyens propres à empêcher la fraude, ou pour la livrer à la juste punition qu'elle aurait méritée.

Que ce digne arbitre reconnu par le tribunal de commerce, que M. Giraudeau me permette de rappeler dans ma discussion les deux moyens qu'il a si ingénieusement indiqués, et qui lui ont été suggérés par sa probité et par son expérience; il verra que je partage entièrement l'opinion qu'il a développée en faveur de ces deux moyens.

Comme lui, je voudrais que, pour prévenir la fraude, tous les commerçans se pénétrassent bien de la nécessité de tenir leurs écritures en partie double; je voudrais aussi qu'ils s'imposassent la loi d'établir une comptabilité « en nature pour constater l'entrée » et la sortie de leurs marchandises. »

Comme lui, je voudrais encore « que, pour réprimer la fraude à Paris, le nombre des juges composant le tribunal de commerce de cette grande » ville fût augmenté, puisque ces magistrats, malgré » tout leur zèle, ne peuvent donner à l'examen de » chaque faillite le tems qu'il faudrait leur consacrer. »

Enfin, toujours avec M. Giraudeau, et dans le même but qu'il veut atteindre de réprimer la mauvaise foi, je voudrais « que les syndics prissent la peine » d'examiner toutes les écritures d'un failli, en remontant à l'origine de ses affaires, pour connaître » l'importance de son capital primitif, celle de ses » pertes et de ses bénéfices successifs, et pour s'assurer s'il a opéré légalement, et s'il présente d'une » manière exacte son actif et son passif. »

J'aurais voulu, si j'en avais reçu l'autorisation expresse, pouvoir répéter textuellement le mémoire que M. Giraudeau a adressé, en octobre dernier, à Messieurs du tribunal de commerce. Ce savant arbitre ne doit pas être le partisan de la contrainte par corps ; il sait qu'elle est nuisible au commerce, dont il est un des protecteurs zélés.

Si je pouvais m'entretenir avec cet ancien négociant, je n'aurais pas besoin de lui faire apercevoir que rien ne favorise une faillite frauduleuse, comme les lettres de change si facilement souscrites par des chevaliers d'industrie qui achètent à tout prix les marchandises qui leur sont offertes, ou qui font des emprunts à cent pour cent d'intérêts, pour se faire une ressource dans leur misère désespérée.

Je l'ai dit, et je ne saurais trop le répéter : si les lettres de change souscrites par des non-négocians n'étaient pas entourées de la protection que la loi leur accorde, les banqueroutiers frauduleux perdraient un moyen que cette protection leur donne d'établir un bilan qui n'aurait pas été régulier si le banqueroutier ne s'était pas procuré, par des moyens calculés, une fausse monnaie qu'il n'a acceptée en échange d'une marchandise tarée, que pour légitimer sa fraude, et établir ses écritures.

Je crois que je viens de dévoiler le secret de ces prétendus négocians, qui disent que la contrainte par corps est nécessaire au commerce.

Désormais, quand on entendra dire à un individu

se disant commerçant, qu'il est partisan d'une loi digne des siècles de la barbarie, on pourra l'accuser, sans se tromper, d'être un usurier, un calculateur de banqueroute.

Mais si je stigmatise les juifs et les usuriers, je dois, pour être conséquent, chercher à empêcher que l'état de prévention dans lequel jai placé tous les négocians qui font faillite puisse être aggravé par un acte de vengeance de la part d'un ou de plusieurs créanciers du failli.

Il faudrait, pour que la justice fût égale pour tous, *quand elle punit ou quand elle protège*, que la faillite ne pût être déclarée que sur la demande du failli qui déposerait son bilan, ou d'après une délibération prise par la majorité des créanciers qui forceraient le failli à faire ce dépôt, s'il persistait à ne pas vouloir faire connaître ses affaires après avoir suspendu ses paiemens.

La clôture des magasins ou la disparition du failli devraient aussi donner lieu à l'ouverture de la faillite.

Voilà les seuls cas où l'arrestation préventive d'un Français commerçant pourrait être ordonnée par le magistrat : alors seulement on verrait beaucoup moins de faillites en France, et les créanciers, en cas de suspension de paiement de la part de leurs débiteurs, profiteraient seuls de l'argent qui resterait en caisse et qu'on prodigue depuis trop long-tems aux huissiers ou aux gardes du commerce.

Le sauf-conduit ne devrait être refusé, que quand le failli ne réunirait pas pour l'obtenir le concours d'un nombre de créanciers formant la majorité en nombre et représentant, en outre, par leurs titres de créances vérifiés, contradictoirement avec un agent du pouvoir, les trois quarts de la totalité des sommes dues, ce qui obligerait l'agent ou les syndics provisoires, assistés du juge-commissaire, à faire la vérification des titres produits avant toutes les formalités qui, d'après le Code de commerce, précèdent cette vérification.

Lorsque le failli réunirait le même concours, je voudrais que la cession de biens ne lui fût jamais refusée, sans autres frais que ceux qui résulteraient de l'expédition de l'acte d'acquiescement de la masse.

Cela n'empêcherait pas le concordat d'être toutours un motif de mise en liberté d'un failli : mais je voudrais que, dans ce cas comme dans celui de la cession de biens, celui-ci fût soumis à un serment par lequel il affirmerait, devant Dieu, et sur son honneur, qu'il n'a d'autres créances et d'autres biens sur la terre, que ceux qu'il aurait énoncés dans l'actif de son bilan.

Il ne me reste plus que quelques mots à dire au sujet des faillites ; ces mots seront concluans : il n'y aurait pas autant de faillis, il n'existerait presque pas de banqueroutiers frauduleux, si la contrainte par corps était abolie.

Si cette abolition était prononcée, la Bastille moderne , qui renferme tant de malheureux débiteurs insolvables, ne serait désormais peuplée que par les faillis ou par ceux qui seraient en prévention de banqueroute. Alors les négocians calculeraient avec prudence leurs opérations ; la crainte d'être classés parmi le petit nombre de prisonniers qu'il y aurait à Sainte-Pélagie, les prémunirait contre tout ce qui leur paraîtrait hasardeux, tandis que leur honte est beaucoup moins grande lorsqu'elle est partagée par un plus grand nombre d'individus arrêtés comme eux. C'est ainsi que les banqueroutiers seraient moins nombreux, parce qu'il ne leur serait plus permis de se cacher derrière les victimes de la contrainte par corps, à qui les tribunaux ne peuvent pas même accorder l'avantage de sortir de prison par le sauf-conduit qu'ils accordent au négociant qui se déclare en faillite.

J'ai fait à Sainte-Pélagie une observation bien douloureuse : les détenus qu'on y dépose préalablement pour les faire figurer ensuite sur le banc des accusés, sont ceux qui ne trouvent de consolation qu'à calomnier les nombreux honnêtes gens qui les entourent. Les délits ou les crimes que ces rusés calomniateurs ont commis avant d'entrer en prison ne les font plus rougir, par cela seulement qu'ils cherchent à faire croire qu'ils ne sont pas les seuls à s'en être rendus coupables.

§ XIV.

DE QUELQUES LACUNES QUI EXISTENT DANS LE CODE PÉNAL.

On doit maintenant avoir jugé la moralité du cri de désespoir que je viens de pousser : il n'a eu d'autre motif, que celui de faire respecter la liberté indivi-duelle ; mais je ne veux pas que les coupables d'un délit ou d'un crime restent impunis.

Pour parvenir à la punition des hommes qui se rendraient coupables, même d'un quasi-délit, je voudrais qu'on ajoutât au Code pénal un titre qui lui manque, et qui ferait disparaître de nos Code civil et de commerce des dispositions qui diminuent le respect que tous les bons Français sont enclins à leur porter. Je voudrais qu'on fît punir plus ou moins sévèrement ceux qui se rendraient coupables d'un ou de plusieurs quasi-délits prévus dans le Code civil, au titre *de la contrainte par corps en matière civile.*

Je désirerais aussi que ceux en faveur de qui je voudrais voir admettre dans notre législation le serment d'insolvabilité, fussent punis aussi sévèrement que les faussaires, s'ils avaient le malheur de faire un faux serment relatif à leur avoir réel.

C'est ainsi que je fais des vœux pour l'anéantissement de l'inhumaine contrainte ; c'est ainsi que la société et le commerce jouiraient de garanties, qui seraient réellement plus solides que celles que des

téméraires voulaient faire reposer sur la non-abroga-
tion d'un mode d'exécution inoui.

D'autres philanthropes peuvent maintenant donner
des développemens à mes idées : celui qui se déses-
père n'est pas dans un état assez tranquille pour se
livrer à une discussion approfondie : il indique le
mal ; c'est assez, je crois, pour qu'on s'empresse d'y
porter remède.

Un moyen est radical : c'est d'aborder franchement
l'abrogation pure et simple de ce mode d'exécution,
que j'ai si bien qualifié en le désignant sous le titre
de la *Traite des Blancs*. Les amendemens à une loi
sur la contrainte par corps, pour si bons qu'ils fussent, ne seraient qu'un demi-bienfait, indigne d'un
peuple libre, généreux et hospitalier, et qui devrait
toujours être le premier à marcher dans la route des
améliorations sociales.

§ XV.

LOI ABOLITIVE.

Tous les bons Français sont d'accord avec moi : la contrainte par corps doit être abolie. Écoutons l'honorable M. Laffitte : « Des créanciers inhumains, » a-t-il dit, qui devraient peut-être prendre la place » de leurs débiteurs dans les prisons, réclament » seuls des peines qui rappellent le tems de la bar- » barie. Le commerce, qui civilise tout, ne confond » jamais le crime avec le malheur. Ce ne sont pas » les négocians honnêtes qui jettent les pères de fa- » mille dans les prisons : leur intérêt les invite à ne » pas ôter les moyens de travail à ceux dont le tra- » vail est l'unique ressource pour les payer. »

Mais peut-être on va me répondre qu'il serait bien difficile de passer subitement d'une législation sé- vère à une législation qui consacrerait l'impunité du non-paiement.

Je n'ai pas besoin de revenir sur tout ce que j'ai dit pour réfuter une pareille objection; qu'il me suf- fise d'indiquer au pouvoir qui a l'initiative pour la présentation des lois, les moyens qu'il y aurait de rendre la transition moins saillante.

Il faudrait d'abord abroger la loi de germinal et toutes les autres lois qui autorisent l'existence de la contrainte par corps, et ordonner en conséquence la mise en liberté de tous les détenus arrêtés à l'aide de cette voie d'exécution inhumaine.

Mais il faudrait en même tems présenter d'autres lois répressives des quasi-délits ; il faudrait assimiler l'étranger qui emprunte, et qui ne paie pas, au Français que le magistrat ferait arrêter pour avoir abusé de la confiance de son créancier, ou comme ayant cherché à soustraire le gage de la créance ; il faudrait régulariser le mode coercitif qu'il conviendrait d'employer pour forcer au paiement des amendes et dommages-intérêts, tant en matière civile qu'en matière résultant des condamnations criminelles, correctionnelles ou de simple police ; il faudrait enfin soumettre le détenu actuel qui réclamerait sa mise en liberté au serment d'insolvabilité qui serait prêté en présence et à l'audience des juges composant une des chambres du tribunal du ressort ; et si, après ce serment prêté, un ou plusieurs de ses créanciers prouvaient qu'il a été prêté faussement, et que par conséquent leur débiteur s'est rendu coupable d'un parjure, ce débiteur devrait être condamné à la peine de la réclusion et à une heure de carcan, sans préjudice des droits du créancier, que celui-ci pourrait exercer par toutes les voies coercitives.

§ XVI.

LOI MODIFICATIVE.

J'AI fait parler l'honorable M. Laffitte en sollici-
tant une loi abolitive ; je vais maintenant emprunter
quelques phrases de son digne collègue, M. Hyde
de Neuville, pour prouver, par des autorités puis-
santes aux yeux des hommes de bien, combien il est
urgent d'améliorer les lois sur la contrainte par corps,
si l'on ne veut pas encore se décider à les détruire :

« J'ai déjà défendu sept à huit fois à cette tribune,
» (disait l'ex-ministre de la marine à la chambre des
» députés), les malheureux prisonniers pour dettes ;
» je n'abuserai donc pas de vos momens pour la ré-
» clamation du malheur ; je ne chercherai pas à plai-
» der longuement une cause très-facile à défendre ;
» je me bornerai à des faits.

» Vous vous souvenez peut-être, Messieurs, qu'en
» 1815, je fis une proposition qui appelait des mo-
» difications à la législation sur la contrainte par
» corps ; la chambre adopta cette proposition à la
» presque-unanimité. Depuis, un homme dont le nom
» rappelle toutes les vertus, Mathieu de Montmo-
» renci, développa avec beaucoup de talent ma pen-
» sée devant la Chambre des Pairs, et la Chambre
» des Pairs prit sa proposition en considération ; je
» ne vous rappellerai pas qu'en 1819, M. le garde-
» des-sceaux déclara devant cette noble Chambre

» que notre législation sur la contrainte par corps
» était morcelée, incohérente, et qu'il fallait défi-
» nitivement la changer.

» Je ne vous dirai pas, non plus, que les amis de
» la religion, de l'ordre et de l'humanité la trouvent
» tyrannique envers les régnicoles, et barbare en-
» vers les étrangers. Je ne vous dirai pas enfin qu'elle
» porte dans quelques-unes de ses dispositions le
» cachet de la main qui a contribué à la rédiger.

» Si j'abordais encore de semblables doctrines, je
» craindrais d'être combattu par ceux-là même qui,
» en 1815, soutinrent ma proposition et m'aidèrent
» de leurs conseils pour sa rédaction.

» Autres tems, autres mœurs! Il y a bien loin de
» 1815 à 1827. Je me bornerai donc à vous rappe-
» ler que dans la dernière session, M. le ministre
» des finances lui-même convint à cette tribune que
» le taux des alimens était insuffisant; il ajouta qu'il
» avait été question de cette importante affaire au
» conseil, et que des commissions devaient être nom-
» mées pour régler, dans les départemens comme à
» Paris, le taux des alimens des prisonniers pour
» dettes. Eh bien! ces commissions ne sont encore
» que dans l'imagination de M. le président du con-
» seil.

» Or, je vous demande, Messieurs, est-il juste
» que de malheureux détenus pour dettes soient plus
» maltraités que ne le sont les vils galériens? Est-il
» juste qu'un infortuné père de famille soit réduit à

» n'avoir que neuf sous et demi pour vivre et pour
» subvenir aux besoins de ses enfans ? Pourquoi donc
» le ministère qui nous présente des lois qui con-
» duisent à Sainte-Pélagie, ne pense-t-il pas, du
» moins, à donner du pain à ceux qui ont faim, et
» à nous apporter des lois qui modifient la législa-
» tion pour les victimes de l'agiotage et de l'usure ?»

Puisque des hommes estimables et humains comme
celui dont je viens de citer les paroles textuelles,
n'osent pas se prononcer ouvertement contre un
principe qu'un préjugé inoui semble vouloir respecter, il faut bien que je me résigne à n'attendre
encore que des modifications à mon état comme à
celui de mes malheureux compagnons d'infortune. Je
vais donc placer à côté de la loi qui fut adoptée l'année
dernière par la Chambre des Pairs, les amendemens
que je me permettrai de rédiger moi-même, et qui
rendront cette loi moins mauvaise, si l'on persévère à
ne pas vouloir être entièrement humain. Législateurs
de la France, jugez avec intérêt le parallèle que je
vais tracer, et daignez ne pas le perdre de vue
quand vous discuterez le projet qui vous sera présenté pour régulariser ce qui ne me paraît pas sus-
ceptible de régularité.

Loi adoptée par les nobles Pairs de France.

ARTICLE PREMIER.

La contrainte par corps sera prononcée, sauf les exceptions et les modifications ci-après, contre toute personne condamnée pour dette commerciale au paiement d'une somme de 200 francs et au-dessus.

ART. 2.

Ne sont pas soumis à la contrainte par corps en matière de commerce :

1° Les femmes, les filles, non légalement réputées marchandes publiques ; 2° les mineurs non commercans, ou qui ne sont point réputés majeurs pour fait de leur commerce ;

3° Les veuves et héritiers des justiciables des tribunaux de commerce, assignés devant ces tribunaux en reprise d'instance, ou par action nouvelle en raison de leur qualité.

ART. 3.

Les condamnations prononcées par les tribunaux de commerce contre des individus non-négocians pour signature apposée soit à des lettres de change réputées simples promesses, aux termes de l'art. 112 du Code de commerce, soit à des billets à ordre, n'emportent point la contrainte par corps, à moins que ces signatures et engagemens n'aient eu pour cause des opérations de commerce, trafic, change, banque ou courtage.

ART. 4.

La contrainte par corps en matière de commerce ne pourra être prononcée contre les débiteurs qui auront commencé leur soixante-dixième année, si ce n'est :

1° Lorsqu'ils auront été condamnés comme tireur, accepteur, souscripteur, endosseur ou donneur d'aval de lettres de change ;

2° Lorsque, dans le cas de l'ar-

Amendemens à la loi adoptée par les nobles Pairs de France.

ARTICLE PREMIER.

La contrainte par corps sera prononcée, sauf les exceptions et modifications ci-après, contre toute personne « patentée qui fait un » commerce, et condamnée pour » dette commerciale au paiement » d'une somme de 300 francs et au- » dessus.

ART. 2.

Ne sont pas soumis à la contrainte par corps en matière de commerce :

1° Les femmes, les filles, non légalement réputées marchandes publiques ; 2° les mineurs non commercans, ou qui ne sont point réputés majeurs pour fait de leur commerce ;

3° Les veuves et héritiers des justiciables des tribunaux de commerce, assignés devant ces tribunaux en reprise d'instance, ou par action nouvelle en raison de leur qualité.

ART. 3.

« La contrainte par corps ne sera » pas prononcée contre des majeurs, » tireurs, souscripteurs, accepteurs, » endosseurs, donneurs d'aval de » lettres de change, s'ils prouvent » qu'ils ne sont pas négocians pa- » tentés ou qu'ils ne se sont pas en- » gagés pour une opération de » commerce, de trafic, de banque » ou de courtage. »

ART. 4.

« La contrainte par corps en ma- » tière de commerce ne pourra être » prononcée ni exécutée contre les » débiteurs qui auront commencé » leur soixante-cinquième année. »

ticle précédent, il s'agira de lettres de change réputées simples promesses, ou de billets à ordre, et que ces engagemens auront eu pour cause des opérations de commerce, trafic, change, banque ou courtage.

Dans ces deux derniers cas, la contrainte par corps sera prononcée contre ces débiteurs jusqu'au jour où ils auront atteint leur soixante-douzième année.

Toutefois, dans ces deux cas, la contrainte par corps ne pourra plus être prononcée si le débiteur a atteint sa soixante-douzième année.

ART. 5.

La détention pour dette commerciale cessera de plein droit après un an, lorsque le montant de la condamnation principale ne s'élèvera pas à 500 francs; après deux ans, lorsqu'elle ne s'élèvera pas à 1,000 francs; après trois ans, lorsqu'elle ne s'élèvera pas à 3,000 fr.; après quatre ans, lorsqu'elle ne s'élèvera pas à 5,000 francs; après cinq ans, lorsqu'elle sera de 5,000 francs et au-dessus.

ART. 6.

La détention pour dette commerciale cessera pareillement de plein droit le jour où le débiteur aura commencé sa soixante-dixième année.

Dans le cas où, aux termes de l'art. 4, le débiteur septuagénaire peut être contraint par corps, sa détention cessera de plein droit le jour où il aura atteint sa soixante-douzième année.

ART. 7.

Dans tous les cas où les lois autorisent la contrainte par corps en matière civile, la durée de la détention sera prononcée pour deux ans au moins, et pour dix ans au plus.

Néanmoins, s'il s'agit de fermages de biens ruraux, au cas prévu par l'art. 2062 du Code civil, ou de l'exécution des condamnations

ART. 5.

« La détention pour dette commerciale cessera de plein droit » après trois années consécutives » passées par le débiteur dans une » maison d'arrêt pour dettes. »

ART. 6.

La détention pour dette commerciale cessera pareillement de plein droit le jour où le débiteur aura commencé « sa soixante-cinquième année. »

ART. 7.

Dans tous les cas où les lois autorisent la contrainte par corps en matière civile, la durée de la détention « cessera de plein droit après » trois années consécutives passées » par le débiteur dans une maison » d'arrêt pour dettes. »

Néanmoins s'il s'agit de fermages de biens ruraux, au cas prévu par l'art. 2062 du Code civil, ou de intervenues dans les cas où la contrainte par corps n'est pas obligée, et où la loi attribue seulement aux juges la faculté de la prononcer, la durée de la détention sera prononcée pour un an au moins, et cinq ans au plus.

l'exécution des condamnations intervenues dans les cas où la contrainte par corps n'est pas obligée et où la loi attribue seulement aux juges la faculté de la prononcer, « la durée de la détention pourra » être restreinte, suivant les cir- » constances, dans le dispositif du » jugement qui la prononcera. »

ART. 8.

Lorsque l'arrestation provisoire d'un étranger aura été ordonnée, en vertu de l'art. 2 de la loi du 10 septembre 1807, le créancier sera tenu de se pourvoir en condamnation dans la quinzaine de l'emprisonnement de son débiteur, faute de quoi celui-ci pourra demander son élargissement.

L'élargissement, dans ce cas, sera prononcé par ordonnance de référé, sur une assignation qui sera donnée au créancier par un huissier que le président aura commis dans l'ordonnance même qui aura autorisé l'arrestation.

ART. 8.

Lorsque l'arrestation provisoire d'un étranger aura été ordonnée en vertu de l'art. 2 de la loi du 10 septembre 1807, le créancier sera tenu de se pourvoir en condamnation dans la quinzaine de l'emprisonnement de son débiteur, faute de quoi celui-ci « obtiendra de plein droit » son élargissement. »

L'élargissement, dans ce cas, sera prononcé par ordonnance de référé « rendue sur requête signée par le » débiteur ou par le gardien de la » maison si le débiteur ne sait pas » signer ; cette requête sera accom- » pagnée d'un certificat dudit gar- » dien qui constatera que nulle as- » signation en condamnation défi- » nitive n'a été donnée à l'étranger » incarcéré dans la quinzaine de son » incarcération.

» Toute assignation donnée à l'é- » tranger devra être visée par le » gardien qui sera tenu d'en faire » mention en marge de l'écrou pro- » visoire de l'étranger emprisonné. »

ART. 9.

La détention d'un étranger, non domicilié en France, en vertu d'un jugement de condamnation rendu au profit d'un Français, pour dette commerciale ou dette civile ordinaire, cessera de plein droit après deux ans, lorsque le montant de la condamnation principale ne s'élèvera pas à 500 francs ; après quatre ans, lorsqu'elle ne s'élèvera pas à 1,000 francs ; après six ans, lorsqu'elle ne s'élèvera pas à 3,000 fr. ; après huit ans, lorsqu'elle ne s'élèvera pas à 5,000 francs ; après dix ans, lorsqu'elle sera de 5,000 francs et au-dessus.

ART. 9.

La détention d'un étranger non domicilié en France, en vertu d'un jugement de condamnation rendu au profit d'un Français pour dette commerciale ou dette civile cessera de plein droit « après trois années » consécutives passées par le débi- » teur dans une maison d'arrêt pour » dette. »

S'il s'agit d'une dette civile pour laquelle un Français serait soumis à la contrainte par corps, les dispositions de l'art. 7 seront applicables aux étrangers.

S'il s'agit d'une dette civile, pour laquelle un Français serait soumis à la contrainte par corps, les dispositions de l'art. 7 seront applicables aux étrangers.

ART. 10.

L'art. 6 de la présente loi est applicable aux étrangers qui ont contracté des dettes commerciales. Pour toutes autres dettes, les deux premiers paragraphes de l'art. 2066 du Code civil leur sont applicables.

ART. 11.

La contrainte par corps n'est jamais exercée contre le débiteur au profit :

1° De son mari ou de sa femme ;

2° De ses ascendans, descendans, frères ou sœurs, ou alliés au même degré,

ART. 12.

Dans les affaires où les tribunaux civils ou de commerce statuent en dernier ressort, la disposition de leurs jugemens relative à la contrainte par corps sera sujette à l'appel, mais cet appel ne sera pas suspensif.

ART. 13.

Dans aucun cas, la contrainte par corps ne pourra être exécutée contre le mari et contre la femme, simultanément, et pour la même dette.

ART. 14.

Tout huissier, garde de commerce ou exécuteur des mandemens de justice qui, lors de l'arrestation d'un débiteur, se refuserait de le conduire en référé devant le président du tribunal de 1re instance, aux termes de l'art. 786 du Code de procédure civile, sera condamné à 1,000 francs d'amende, sans préjudice de dommages-intérêts.

ART. 15.

Aux cas prévus par les art. 798

ART. 10.

L'art. 6 de la présente loi est applicable aux étrangers qui ont contracté des dettes commerciales. Pour toutes autres dettes, les deux premiers paragraphes de l'art. 2066 du Code civil leur sont applicables.

ART. 11.

La contrainte par corps n'est jamais exercée contre le débiteur au profit :

1° De son mari ou de sa femme ;

2° De ses ascendans, descendans, frères ou sœurs, ou alliés au même degré.

ART. 12.

Dans les affaires où les tribunaux civils ou de commerce statuent en dernier ressort, la disposition de leur jugement relative à la contrainte par corps sera sujette à l'appel. « Cet appel suspendra cette exécu» tion ; l'art 2068 du code civil est » en conséquence abrogé »

ART. 13.

Dans aucun cas, la contrainte par corps ne pourra être exécutée contre le mari et contre la femme simultanément, « pour la même dette, » ou pour toute autre dette con» tractée en faveur du même créan» cier. »

ART. 14.

Tout huissier, garde de commerce ou exécuteur de mandemens de justice qui, lors de l'arrestation d'un débiteur, « ne le conduira pas en » référé devant le président du tri» bunal de première instance, » sera condamné à 1,000 francs d'amende, sans préjudice de dommages-intérêts.

ART. 15.

Aux cas prévus par les art. 798

et 800, § 2, du Code de procédure civile, le débiteur, pour empêcher l'exercice de la contrainte par corps, ou pour obtenir son élargissement, ne sera jamais tenu de payer ou consigner d'autres frais liquidés que ceux de l'instance, ceux de l'expédition et de la signification du jugement, et ceux de l'exécution relative à la contrainte par corps seulement.

ART. 16.

Tous paiemens postérieurs à la condamnation par corps seront imputés de droit, et nonobstant toutes stipulations contraires, sur les causes de la contrainte et de l'emprisonnement.

ART. 17.

Le débiteur obtiendra son élargissement en payant ou consignant le tiers du principal de la dette et de ses accessoires, et en donnant pour le surplus une caution acceptée par le créancier ou reçue par le tribunal civil, dans le ressort duquel le débiteur sera détenu.

ART. 18.

La caution sera tenue de s'obliger solidairement, avec le débiteur, à payer, dans un délai qui ne pourra excéder une année, les deux tiers qui resteront dus. S'il s'agit d'une dette commerciale, la caution sera contraignable par corps.

ART. 19.

A l'expiration du délai prescrit par l'article précédent, le créancier, s'il n'est pas intégralement payé, pourra exercer de nouveau la contrainte par corps contre le débiteur principal, sans préjudice de ses droits contre la caution.

---

et 800, § 2, du Code de procédure civile, le débiteur, pour empêcher l'exercice de la contrainte par corps ou pour obtenir son élargissement, ne sera jamais tenu de payer ou consigner « que le montant du capital » et les intérêts pour lesquels la contrainte par corps aura été pronon- » cée. »

ART. 16.

Tous paiemens postérieurs à la condamnation par corps seront imputés de droit, et nonobstant toutes stipulations contraires, sur les causes « pour lesquelles la contrainte par » corps aura été prononcée. »

ART. 17.

Le débiteur obtiendra son élargissement en payant ou consignant le tiers du principal de la dette et de ses accessoires, et en donnant pour le surplus « des garanties acceptées » par le créancier ou reconnues va- » lables par le tribunal civil dans le » ressort duquel ce débiteur sera « détenu. »

ART. 18.

« Lorsque le débiteur donnera » une caution pour garantie, celle- » ci s'obligera solidairement avec » lui à payer, dans un délai qui ne » pourra pas excéder une année, » les deux tiers qui resteront dus : » dans aucun cas, la caution ne » pourra être soumise à la con- » trainte par corps.
» Toutes les autres garanties don- » nées, acceptées ou reconnues va- » lables aux termes de l'article pré- » cédent seront non-recevables, si » leur échéance excède une année. »

ART. 19.

A l'expiration du délai prescrit par l'article précédent, le créancier, s'il n'est pas intégralement payé, pourra exercer de nouveau la contrainte par corps contre le débiteur principal, sans préjudice de ses droits contre la caution.
« Dans le cas d'une nouvelle in-

» carcération, la détention que le
» débiteur aura déjà subie par suite
» de la première arrestation lui sera
» comptée pour la durée de la se-
» conde. »

ART. 20.

Le débiteur qui aura obtenu son
élargissement de plein droit, après
l'expiration des délais fixés par les
art. 6, 7 et 9 de la présente loi, ne
pourra plus être retenu ou arrêté
pour dettes contractées antérieurement à son arrestation, et échues
au moment de son élargissement, à
moins que ces dettes n'entraînassent, par leur nature et leur quotité, une détention plus longue que
celle qu'il aura subie, et qui, dans
ce cas, lui sera toujours comptée
pour la durée de la nouvelle incarcération.

ART. 21.

Un mois après la promulgation
de la présente loi, la somme destinée à pourvoir aux alimens des détenus pour dettes devra être consi-
gnée d'avance et pour trente jours
au moins. Les consignations pour
plus de trente jours ne vaudront
qu'autant qu'elles seront d'une seconde ou de plusieurs périodes de
trente jours.

ART. 22.

A compter du même délai d'un
mois, la somme destinée aux alimens sera de 30 francs à Paris, et
de 25 francs dans les autres villes,
pour chaque période de trente jours.

ART. 20.

Le débiteur qui aura obtenu son
élargissement de plein droit, « con-
» formément aux dispositions con-
» tenues aux articles 6, 7 (§ 1er),
» et 9 de la présente loi,» ne pourra
plus être retenu ou arrêté pour dettes contractées antérieurement à son
arrestation et échues au moment de
son élargissement.

ART. 21.

Un mois après la promulgation
de la présente loi, la somme destinée à pourvoir aux alimens des détenus pour dettes devra être consi-
gnée d'avance et pour trente jours
seulement. « Les consignations ne
» vaudront qu'autant qu'elles seront
» faites par le créancier lui-même
» ou par son procureur fondé spé-
» cial. La procuration sera renou-
» velée toutes les fois qu'il fera dé-
» poser de nouveaux alimens.

» Le créancier qui sera en voyage
» d'outre-mer pourra faire déposer
» des alimens pour plus d'une pé-
» riode de trente jours, sans que
» pour cela il puisse les porter au-
» delà d'une année. A chaque renou-
» vellement d'alimens, le créancier
» sera tenu de produire avec sa nou-
» velle procuration un certificat de
» vie dûment légalisé par les agens
» diplomatiques accrédités par la
» cour de France dans le pays d'outre-
» mer où le créancier se trouvera. »

ART. 22.

A compter du même délai d'un
mois, la somme destinée aux alimens sera « de 55 francs, valeur
» actuelle du marc d'argent, pour
» chaque période de trente jours.

» Par la suite, les alimens pour-
» ront être réglés par ordonnance
» du roi rendue sur le rapport du
» garde-des-sceaux, ministre de la
» justice, et ce d'après le prix des
» mercuriales, et sans que jamais on
» puisse les fixer au-dessous du prix
» du marc d'argent. »

ART. 23.

Au cas d'élargissement, faute de consignation d'alimens, il suffira que la requête présentée au tribunal civil soit signée par le débiteur détenu ou par le gardien de la maison d'arrêt pour dettes, ou même certifiée véritable par le gardien, si le débiteur ne sait pas signer.

Cette requête sera présentée en duplicata ; l'ordonnance du président, aussi rendue par duplicata, sera enregistrée gratis, et exécutée sur l'une des minutes, qui restera entre les mains du gardien : l'autre minute sera déposée au greffe du tribunal.

ART. 23.

Au cas d'élargissement faute de consignation d'alimens, il suffira que la requête présentée au tribunal civil soit signée par le débiteur détenu ou par le gardien de la maison d'arrêt pour dettes, ou même certifié véritable par le gardien, si le débiteur ne sait pas signer.

Cette requête sera présentée en duplicata : l'ordonnance du président, aussi rendue par duplicata, sera enregistrée gratis et exécutée sur l'une des minutes qui restera entre les mains du gardien ; l'autre minute sera déposée au greffe du tribunal, « sans que ce dépôt puisse » retarder d'aucune manière la mise » en liberté du détenu. »

ART. 24.

Le débiteur élargi, faute de consignation d'alimens, ne pourra plus être incarcéré pour la même dette.

ART. 24.

Le débiteur élargi faute de consignation d'alimens ne pourra plus être incarcéré pour la même dette, « ni pour aucune créance apparte- » nant à ses créanciers incarcéra- » teurs ou recommandataires sou- » scrite antérieurement à son arres- » tation. »

ART. 25.

Les dispositions du présent titre et celles du Code de procédure civile sur l'emprisonnement sont applicables à l'exercice de toute contrainte par corps, soit pour dettes commerciales, soit pour dettes civiles.

ART. 25.

Les dispositions du présent titre et celles du Code de procédure civile sur l'emprisonnement sont applicables à l'exercice de toute contrainte par corps, soit pour dettes commerciales, soit pour dettes civiles.

ART. 26.

Les arrêts, jugemens et exécutoires portant condamnation, au profit de l'état, à des amendes, restitutions, dommages-intérêts et frais en matière criminelle, correctionnelle ou de police, ne pourront être exécutés par voie de contrainte par

ART. 26.

Les arrêts, jugemens et exécutoires portant condamnation au profit de l'état à des amendes, restitutions, dommages-intérêts et frais en matière criminelle, correctionnelle ou de police, « tant contre les in- » dividus poursuivis que contre les corps que cinq jours après le commandement qui sera fait aux condamnés à la requéte du receveur de l'enregistrement et des domaines.

Dans le cas où le jugement de condamnation n'aurait pas été précédemment signifié au débiteur, le commandement portera en tête un extrait de ce jugement, lequel contiendra le nom des parties et le dispositif.

Sur le vu du commandement et sur la demande du receveur de l'enregistrement et des domaines, le procureur du roi adressera les réquisitions nécessaires aux agens de la force publique ou autres fonctionnaires chargés de l'exécution des mandemens de justice.

Si le débiteur est détenu, la recommandation pourra être ordonnée immédiatement après la notification du commandement.

ART. 27.

Les individus contre lesquels la contrainte par corps aura été mise à exécution, aux termes de l'article précédent, subiront l'effet de cette contrainte jusqu'à ce qu'ils aient payé le montant des condamnations ou fourni une caution admise par le receveur des domaines, ou, en cas de contestation de sa part, déclarée bonne et valable par le tribunal civil de l'arrondissement.

ART. 28.

Néanmoins les condamnés qui justifieront de leur insolvabilité suivant le mode prescrit par l'art. 420 du Code d'instruction criminelle seront mis en liberté après avoir subi quinze jours de détention, lorsque l'amende et les autres condamnations pécuniaires n'excéderont pas 15 francs ; un mois, lorsque ces condamnations s'élèveront de 15 à 50 francs ; deux mois, lorsque ces condamnations

» parties civiles qui succombent, » ne pourront être exécutés par la voie de la contrainte par corps que cinq jours après le commandement qui sera fait aux condamnés à la requête du receveur de l'enregistrement et des domaines.

Dans le cas où le jugement de condamnation n'aurait pas été précédemment signifié au débiteur, le commandement portera en tête un extrait de ce jugement, lequel contiendra le nom des parties et le dispositif.

Sur le vu du commandement et sur la demande du receveur de l'enregistrement et des domaines, le procureur du roi adressera les réquisitoires nécessaires aux agens de la force publique ou autres fonctionnaires chargés de l'exécution des mandemens de justice.

Si le débiteur est détenu, la recommandation pourra être ordonnée immédiatement après la notification du commandement.

ART. 27.

Les individus contre lesquels la contrainte par corps aura été mise à exécution aux termes de l'article précédent, subiront l'effet de cette contrainte jusqu'à ce qu'ils aient payé le montant des condamnations, ou fourni une caution admise par le receveur des domaines, ou en cas de contestation de sa part, déclarée bonne et valable par le tribunal civil de l'arrondissement.

« Dans aucun cas, la contrainte » par corps ne pourra être prononcée contre la caution. »

ART. 28.

Néanmoins les condamnés qui justifieront de leur insolvabilité suivant le mode prescrit par l'art. 420 du Code d'instruction criminelle « seront de suite mis en liberté. »

s'éléveront de 50 à 100 francs, et six mois, lorsqu'elles s'éléveront au-dessus de 100 francs.

ART. 29.

Lorsque la contrainte par corps aura cessé en vertu de l'article précédent, elle sera reprise s'il survient aux condamnés quelques moyens de solvabilité.

ART. 29.

Lorsque la contrainte par corps aura cessé en vertu de l'article précédent, « elle ne pourra plus être reprise; toutes les autres voies d'exécution sont réservées au trésor au cas qu'il survienne aux condamnés quelques moyens de solvabilité. »

ART. 30.

Dans tous les cas, la détention employée comme moyen de contrainte est indépendante des peines prononcées contre les condamnés.

ART. 30.

Dans tous les cas, la détention employée comme moyen de contrainte est indépendante des peines prononcées contre les condamnés.

ART. 31.

Les arrêts et jugemens contenant des condamnations en faveur des particuliers pour réparations de crimes, délits ou contraventions commis à leur préjudice seront, à leur diligence, signifiés et exécutés suivant les mêmes forme et voie de contrainte que les jugemens portant des condamnations au profit de l'état.

Toutes les parties poursuivantes seront tenues de pourvoir à la consignation d'alimens aux termes de la présente loi, lorsque la détention aura lieu à leur requête ou dans leur intérêt.

ART. 31.

Les arrêts et jugemens contenant des condamnations en faveur des particuliers pour réparations de crimes, délits ou contraventions commis à leur préjudice, seront, à leur diligence, signifiés et exécutés suivant les mêmes forme et voie de contrainte que les jugemens portant des condamnations au profit de l'état.

« Néanmoins la contrainte par corps ne pourra jamais être prononcée ni exécutée contre les cautions ou les personnes civilement responsables. »

Toutes les parties poursuivantes, « sans en excepter les agens du trésor royal, » seront tenues de pourvoir à la consignation d'alimens aux termes de la présente loi, lorsque la détention aura lieu à leur requête ou dans leur intérêt.

ART. 32.

Lorsque la condamnation prononcée n'excédera pas 300 francs, la mise en liberté des condamnés arrêtés ou détenus à la requête et dans l'intérêt des particuliers ne pourra être accordée en vertu des art. 27 et 28 qu'autant que la validité des cautions ou l'insolvabilité des condamnés auront été, en cas de contestation, jugées contradictoirement avec le créancier.

ART. 32.

« Les art. 27 et 28 de la présente loi sont applicables aux condamnés dont la condamnation n'excédera pas 300 francs, et qui seront arrêtés ou détenus à la requête et dans l'intérêt des particuliers. »

art. 33.

Si la condamnation excède 300 fr. et ne s'élève pas à 400, la détention à la requête de la partie lésée cessera de plein droit après un an : elle cessera de plein droit après deux ans, lorsque la condamnation ne s'élevera pas à 500 francs; après quatre ans, lorsqu'elle ne s'élevera pas à 1,000 francs; après six ans, lorsqu'elle ne s'élevera pas à 3,000 francs; après huit ans, lorsqu'elle ne s'élevera pas à 5,000 francs; après dix ans, lorsqu'elle sera de 5,000 francs et au-dessus.

art. 33.

« Si la condamnation excède 300 » francs, la détention à la requête » de la partie lésée cessera de plein » droit après trois années consécu- » tives passées par le condamné dans » une maison d'arrêt pour dettes, » lesquelles trois années seront tou- » jours indépendantes des peines » qu'il aura subies ou qu'il devra » subir en vertu du jugement qui » l'aura condamné afflictivement, » correctionnellement ou par voie » de simple police. »

art. 34.

Les art. 11, 13, 14 et 16 de la présente loi sont applicables à la contrainte par corps exercée par suite de condamnations criminelles, correctionnelles ou de police.

art. 34.

Les art. 11, 13, 14 et 16 de la présente loi sont applicables à la contrainte par corps exercée par suite de condamnations criminelles, correctionnelles ou de police.

art. 35 *du projet.*

Il fut rejeté.

art. 35 *à rétablir.*

Un mois après la promulgation de la présente loi, tous les détenus pour dettes qui auront atteint leur soixante-cinquième année obtiendront leur élargissement.

art. 35.

Un mois après la promulgation de la présente loi, les individus actuellement détenus pour dettes civiles emportant la contrainte par corps, obtiendront leur élargissement si la détention a duré dix ans dans le cas prévu par le 1er § de l'art. 7, et si leur détention a duré cinq ans dans le cas prévu au 2e § du même art.

art. 35.

Un mois après la promulgation de la présente loi, tous les individus actuellement détenus pour dette civile emportant la contrainte par corps obtiendront leur élargissement si la détention a duré « trois ans. »

art. 36.

Un mois après la promulgation de la présente loi, les étrangers actuellement détenus pour dettes et dont la détention a duré dix années, obtiendront leur élargissement.

art. 36.

Un mois après la promulgation de la présente loi, les étrangers actuellement détenus pour dettes et dont la détention a duré « trois an- » nées » obtiendront leur élargissement.

art. 37.

Les individus actuellement détenus pour amende, restitution et frais en matière correctionnelle et de police seront admis à jouir du bénéfice des art. 28 et 33, savoir : les

art. 37.

Les individus actuellement détenus pour amende, rétribution et frais en matière correctionnelle et de police seront admis à jouir du bénéfice des art. 28 et 33, savoir :

condamnés à 15 francs et au-dessous dans la huitaine, et les autres dans la quinzaine de la promulgation de la présente loi.

« les condamnés à 300 francs et au-
» dessous le jour même de la pro-
» mulgation de la présente loi, et
» les autres lorsqu'ils auront passé
» trois années consécutives dans
» une maison d'arrêt pour dettes qui
» leur sera spécialement affectée. »

ART. *à ajouter.*

« Les dispositions de la présente
» loi sont applicables à tous les in-
» dividus qui sont actuellement dé-
» tenus pour dettes ou qui seraient
» arrêtés postérieurement à sa pu-
» blication, à quelque époque que
» puissent remonter leurs engage-
» mens et les condamnations qui
» en auraient été la suite. »

AUTRE ART. *à ajouter.*

« Tous les individus détenus pour
» dettes, pour quelque cause que ce
» soit, qui ne possèderont aucun
» immeuble et dont les meubles au-
» ront été saisis ou livrés à leurs
» créanciers par un acte d'abandon
» qui sera signifié à ceux-ci extra-
» judiciairement, seront admis à
» affirmer par serment qu'ils sont
» réellement insolvables. Dans ces
» cas et sans autre formalité ils se-
» ront mis en liberté de suite après
» avoir prêté ce serment en présence
» et à l'audience des juges compo-
» sant une des chambres du tribunal
» de première instance du ressort.

» Si un ou plusieurs des créanciers
» du détenu mis en liberté après
» avoir été admis au serment d'in-
» solvabilité prouvent que ce ser-
» ment a été faussement prêté, et
» que, par conséquent, leur débi-
» teur s'est rendu coupable d'un
» parjure, celui-ci sera condamné
» à la peine de la réclusion et à une
» heure de carcan, sans préjudice
» des droits des créanciers, qu'ils
» pourront exercer de nouveau par
» toutes les voies de droit pour se
» faire payer. »

AUTRE ART *à ajouter.*

« Lorsque la contrainte par corps
» aura cessé par suite du serment
» d'insolvabilité prêté par le débi-

» teur incarcéré, cette contrainte ne
» pourra plus être reprise ; mais
» toutes les autres voies d'exécution
» sont réservées à ses créanciers au
» cas qu'il survienne à l'insolvable
» des moyens de solvabilité posté-
» rieurement à sa libération par le-
» dit serment. »

ART. 38 ET DERNIER.

La loi du 4 avril 1798 (15 germinal an 6) est abrogée.

Il n'est aucunement dérogé ni aux dispositions des lois existantes concernant le bénéfice de cession, ni à celles du titre 13 du Code forestier, ni à celles de la loi sur la pêche fluviale, ni aux lois relatives à la contrainte par corps appliquée aux rétentionnaires des deniers publics.

ART. 38 ET DERNIER.

La loi du 4 avril 1798 (15 germinal an 6) est abrogée.

Il n'est aucunement dérogé, « si » ce n'est en ce qui est relatif au » serment d'insolvabilité ci-dessus » autorisé, » ni aux dispositions des lois existantes concernant le bénéfice de cession, ni à celles du titre 13 du Code forestier, ni à celles de la loi sur la pêche fluviale, ni aux lois relatives à la contrainte par corps appliquée aux rétentionnaires des deniers publics.

§ XVII.

L'HUMANITÉ DEVRAIT ÊTRE RESPECTÉE DANS TOUS LES PAYS, DE LA MÊME MANIÈRE.

Avant de conclure, je tirerai de mon ouvrage des conséquences qui viendront d'autant plus à l'appui de mes plaintes, qu'elles me seront inspirées par l'intérêt général de la société, par l'amour-propre qui doit animer tous les Français, et par la nécessité des économies en faveur desquelles l'administration des départemens et des communes fait aujourd'hui des vœux.

Si la société veille de son côté à la sécurité des intérêts de tous ses membres, les individus qui composent cette société, qui sont ou devraient être représentés par les autorités locales, doivent de leur côté faire tous leurs efforts pour que les intérêts privés ne soient jamais dans le cas de balancer les intérêts qui font le bonheur de la communauté.

Ne blesse-t-on pas cette communauté en la privant des ressources et de l'industrie d'une partie des individus qui la composent, et qui sont incarcérés comme s'ils avaient outragé les lois de leur pays? Pourquoi faut-il qu'au désir qu'on manifeste tous les jours de marcher sur les traces d'un peuple voisin, on ne joigne pas l'obligation de ne marcher avec ce peuple que dans ce qu'il fait de bien en faveur de l'humanité?

Puisque quelques-uns de nos législateurs se sont laissé surprendre par un sophisme qui leur a fait considérer la contrainte par corps comme un acte de coaction, au lieu de la classer au nombre des peines, la conséquence de leur décision devait les amener à éloigner de l'exercice de cette contrainte tout ce qui pourrait la faire regarder comme une punition.

Je ne serais pas éloigné de dire que la contrainte par corps ne serait pas une peine si les habitans de Sainte-Pélagie qui y sont soumis étaient traités comme on traite les Anglais arrêtés pour dettes.

En Angleterre, les maisons où l'on consigne les débiteurs qui ne paient pas leurs créanciers ne sont pas des cloaques pestiférés où le détenu est tous les jours exposé à perdre la santé et même la vie. Ces maisons de détention sont de petites villes alimentées par les industriels du pays. Tout y est tenu avec la même propreté et le même soin que nous voyons prodiguer en France aux vétérans de la gloire de notre patrie dans l'hôtel que Louis XIV éleva à la bravoure nationale. « Le séjour de ces maisons » n'est pas même rigoureux pour ceux qui y sont » conduits par leurs créanciers. On leur accorde le » pouvoir d'aller demeurer jusqu'à la distance de » trois milles, en payant au gouvernement tant » par cent livres sterling de leurs dettes. Ils peu- » vent sortir de leurs prisons sans pourtant pouvoir

» s'éloigner au-delà de la distance fixée par les ré-
» glemens.

» Tout le monde est admis à visiter les détenus
» pour dettes; aucune question n'est faite à celui qui
» entre dans leur prison. Les femmes peuvent de-
» meurer avec leur mari, et les enfans avec leur
» père; chacun est libre chez soi; pas d'heure pour
» rentrer, pas de verroux; le détenu, bien qu'entre
» quatre murs, peut cependant se croire encore dans
» sa maison de Londres.

» Les rues qui avoisinent les prisons, et que les
» détenus ont la faculté de parcourir, s'appellent la
» liberté du banc du roi ou du FLEET (RULES OF THE
» KING'S BENCH OR THE FLEET). Les débiteurs qui
» fournissent caution jouissent du privilége des RULES,
» et ceux des prisonniers qui n'ont pas de cautions
» peuvent également, en payant 4 SHELLINGS, obte-
» nir la liberté d'un jour lorsque leurs affaires ou
» leurs plaisirs l'exigent. »

Si les prisons pour dettes en France avaient été
soumises à ces règles mises au jour par *le Voleur
littéraire*, qui les a lui-même empruntées au journal
intitulé *le Furet de Londres*, j'aurais convenu avec
M. Laisné que la contrainte par corps ne serait pas
une peine, puisque de cette manière la société ne
serait pas privée des avantages qu'elle doit retirer
de l'activité et de l'industrie de tous les individus
qui lui doivent un tribut. C'est donc aussi par amour-

propre que tous les Français doivent se réunir, sans aucune exception, pour demander que leur civilisation ne marche jamais en arrière de celle des autres nations.

Ah! que nous en sommes éloignés!... J'ai vu, depuis que je suis à Sainte-Pélagie, quelques-uns de mes malheureux compagnons d'infortune, auxquels on a refusé la consolation d'aller, sous l'escorte des huissiers ou des gendarmes, fermer les yeux mourans de leur père ou de leur épouse!...

S'il est donc vrai que nos administrations locales fassent aujourd'hui des vœux pour l'économie, elles doivent se hâter de ne plus encourir le reproche que je puis encore leur adresser sur leur prodigalité en faveur du fort contre le faible.

Pourquoi fournissait-on et fournit-on toujours gratuitement au créancier qui exerce un acte de vengeance le local où on lui permet d'emprisonner sa victime? Le terrain immense sur lequel pèsent, depuis 1793, les pierres de l'ancienne Bastille, ne serait-il pas plus utilement employé si on le louait à des manufacturiers, qui en consacreraient l'espace à donner une nouvelle activité au commerce de notre patrie? Le budget de l'état, celui de la ville de Paris et de toutes les villes qui ont le malheur d'avoir des prisonniers pour dettes, ne s'accroîtrait-il pas des impositions directes ou indirectes que la location des monumens accordés aux incarcérateurs produirait au trésor? Ah! puisqu'on veut faire des économies,

puisqu'on veut dégrever le peuple de quelques-uns
dés impôts qui le fatiguent, il existe un moyen palpable d'y parvenir, c'est de forcer les créanciers à
payer la location des maisons qui leur sont four-
nies par les domaines pour le logement des débiteurs. Tout bien calculé, ce revenu serait immense,
et le budget de l'état et des communes serait dé-
chargé d'autant.

§ XVIII.

CONCLUSION.

Ma tàche est remplie ; j'ai fait du bruit parce que j'avais le droit de me plaindre. Mon cri a été entendu par tous les philanthropes ; j'en ai l'intime conviction. La contrainte par corps sera abolie ; la liberté individuelle qui nous est garantie par la Charte sera définitivement protégée. Notre pacte fondamental ne sera plus violé par des lois en opposition avec ses principes.

Et, si contre toute attente, des esprits méticuleux refusaient de passer subitement du mal au remède, la souffrance que nous éprouvons serait soulagée par des mesures spéciales qui déjà nous auraient été concédées, si l'on ne les avait pas soumises trop tard à la discussion des Chambres ; je dis mieux, si nos législateurs les avaient mises au point de perfection où le cœur paternel du Roi veut les faire atteindre.

Mais nous n'aurons rien perdu pour attendre : le bienfait que nous obtiendrons détruira tous les abus que je viens de signaler.

Nous ne verrons plus des insolvables arrêtés pour dettes ; le sexe sera respecté et protégé ; les mineurs resteront sous la tutelle de la loi ; les vieillards inspireront le respect ; les militaires serviront la patrie ; les avocats défendront l'orphelin et la veuve ; les hommes de lettres alimenteront la presse, conservatrice de nos droits ; l'artiste donnera cours à ses nobles inspirations ; l'artisan se servira de ses bras ; l'homme des champs labourera et fécondera la terre ; le fils de famille ne sera plus à la merci d'un insatiable usurier ; le père malheureux ne se verra plus forcé de sacrifier l'héritage de ses enfans pour rendre la liberté à son fils, qui n'a pas su profiter de ses leçons et de ses exemples ; l'étranger n'accusera plus la France d'être une terre inhospitalière ; les commerçans faillis seront les seuls qu'on pourra arrêter momentanément et préventivement ; ils seront punis si leur faillite a été le résultat de la fraude. Les quasi-délits ne seront plus confondus avec le non-paiement d'une dette.

La contrainte par corps sera jugée par tous les hommes qui se respectent, comme elle l'a toujours été par les bons et les mauvais rois. Saint-Louis, Philippe-le-Bel et Louis XIV en atténuèrent les effets : Charles IX chercha à en étendre les rigueurs.

Le Roi martyr en désirait l'abolition, Napoléon s'en fit un bouclier ; les pays dominés par l'usure en sollicitent le maintien ; Hambourg et les États-Unis d'Amérique l'ont abrogée ; les Anglais en ont atténué toute la rigueur. Le vœu de Charles X peut-il être douteux ?

Toutefois si, contre le désir de tous les amis de l'humanité, on laissait encore subsister dans notre Code cette loi si antipathique à nos institutions, si ces vestiges de barbarie ne pouvaient être entièrement effacés que par la marche lente du tems, par les progrès toujours tardifs de la raison humaine, que du moins nos législateurs se hâtent de soumettre à des modifications importantes le mode d'exécution le plus détesté.

De toutes les modifications que j'ai demandées à leur haute sagesse, la plus efficace, la plus urgente est celle qui se rapporte aux alimens dont il faut élever le taux proportionnellement à la valeur du marc d'argent. Cette vérité a jailli des débats dans toute son évidence; il a été hautement avoué et proclamé que les alimens n'étaient pas suffisans, sans qu'on ait statué provisoirement sur leur augmentation! Pouvait-on ajourner à un an des nécessités de ce genre, de manière à laisser *provisoirement* mourir de faim des prisonniers qui demandaient cette amélioration à leur situation désespérante? Devait-on retarder le moment qui doit interdire le dépôt de ces alimens pour plus d'un mois? Ce n'était pourtant que de cette manière qu'on aurait donné à la haine le tems de se refroidir, et qu'on n'aurait plus vu se renouveler l'exemple atroce et scandaleux donné récemment par le nommé Bernard de Toulouse, prête-nom du nommé Eugène Manen de la même ville, lequel a consigné à la fois les cinq ans d'alimens destinés à un malheureux père de famille, à un homme de lettres distingué, dont il a voulu, contre son propre intérêt, anéantir les ressources et les talens.

Avant de terminer mon ouvrage, j'avais besoin de

signaler celui des incarcérateurs qui a voulu se distinguer lui-même par l'acte le plus inhumain.

Mon ame reprend maintenant sa place; je redeviens calme. Je suis soulagé : je dois adresser mes remercîmens à tous les philanthropes qui m'ont entendu.

Je les remercie par trois fois : la reconnaissance bien sentie ne s'exprime pas par des phrases; c'est en plaçant la main sur le cœur que l'on se fait comprendre de tous les amis de l'humanité.

FIN.

POÉSIES,

PAR

NESTOR DE LAMARQUE.

Mes souscripteurs auront à se féliciter de ce que M. Nestor de Lamarque, mon compatriote et mon ami, m'a confié, pour être ici réimprimées, les poésies suivantes, qui serviront de complément à mon ouvrage. Deux de ces morceaux appartiennent au poème de la *Liberté*, où, selon l'opinion unanime des journaux français et étrangers, l'auteur a joint à une haute portée de talent un patriotisme énergique. Les deux autres pièces ont déjà paru dans les journaux. La première, adressée *à des Juges,* est empreinte de couleurs vives et fortes ; elle présente un contraste avec le ton mélancolique, avec les teintes douloureuses et suaves *du Printems du Prisonnier*. C'est le privilége du vrai talent lyrique de se plier ainsi à tous les tons, de pénétrer dans l'intimité de l'ame, d'élever la pensée, d'exalter l'imagination, de peindre les sentimens, de parcourir enfin ces modes si variés d'harmonie morale, qui exercent tant de pouvoir sur les organisations sensibles et poétiques.

Si M. de Lamarque m'avait communiqué ces poésies avant que j'eusse composé mon ouvrage, c'est à elles que je croirais devoir rapporter mes propres inspirations.

BRUNEL.

(FRAGMENT.)

La Liberté.

(Début du Poème.)

———

Il est un nom qui roule à travers tous les âges,

Qui du monde naissant salua le berceau,

Que la foudre prononce au milieu des orages,

    Qui plane sur les grands naufrages,

Qui, malgré les tyrans, vit dans tous les langages, —

    Que l'on grave sur leur tombeau !

Un nom que, sur les murs où l'oppresseur habite,

Trace, pour son arrêt, une invisible main,

Et qui fait luire encor l'espérance proscrite

Dans ces cachots obscurs qu'entoure un triple airain ;

Un nom qui fait germer sur le sol des deux mondes

Des plus mâles vertus les semences fécondes,

Raffermit les revers, console aux jours de deuil,

Et rend aux peuples noirs, à ces races humaines

Dont le glaive est forgé des débris de leurs chaînes,

Le rang que parmi nous leur disputait l'orgueil.

L'homme fut créé libre, et subit l'esclavage !

L'homme, esclave, de Dieu n'eût pas été l'image.

Une offrande servile est digne de mépris :

Libre, il pouvait aimer le Dieu de la nature,

Et, puisant ses transports à cette source pure,

Célébrer des bienfaits dont il connaît le prix.

En ces tems où le Christ apporta sur la terre
    Un code régénérateur,
L'étendard de la croix, par un divin mystère,
    Fut l'étendard libérateur :
    L'homme, endurci dans la souffrance,
Au milieu des tourmens fort de son espérance,
    S'affranchissait par le trépas ;
Ces tyrans, dont au nom d'un pouvoir plus auguste
    Il bravait le pouvoir injuste,
Pouvaient bien l'enchaîner, mais ne le domptaient pas.

Un sentiment, plus fort que l'aspect du supplice,
.   .   .   .
.   .   .   .
D'un côté la puissance, et de l'autre les lois ;
L'oppresseur n'est armé que de son injustice, —
    Et l'opprimé l'est de ses droits.

Règne à jamais sur nous, ô vierge révérée !

Tu dédaignes un trône..., on te dresse un autel.

Apparais—nous encor, généreuse, inspirée,

    Ceinte d'un éclat immortel,

    Tenant, d'une main assurée,

Le poignard de Lucrèce et la flèche de Tell !

Un cri part : c'est ton nom ! . . . .

. . . .

 des 

Depuis long-tems tous les esprits philanthropes réclament l'abolition de la *peine de mort*, l'abolition de la loi, non moins odieuse, de la *contrainte par corps*, et sollicitent des améliorations importantes dans le système pénal. L'auteur de cette pièce, persuadé que la poésie ne doit pas toujours se placer dans l'idéal, c'est-à-dire en dehors de la société, a essayé de l'appliquer à ces graves questions, afin d'exprimer d'une manière plus vive ce besoin impérieux d'une réforme dans nos lois. Sous ce titre vague : *A des juges*, il n'a pu s'adresser qu'à ceux qui

oublient que la première de toutes les lois , c'est l'humanité. Quant à l'élite de notre magistrature , on doit
compter sur elle pour tout ce qui touche aux intérêts
publics. Elle a mérité les respects d'une grande nation :
eh ! pouvait-elle ambitionner d'autre récompense ?

 À des Juges.

Eh quoi! d'un caractère auguste
C'est vous que l'on dit revêtus!
Méritez-vous le nom de juste?
Parlez : quelles sont vos vertus?

L'ignorance même est un crime :
Aveugles, faibles ou méchans,
Vous atteignez votre victime
Comme d'un glaive à deux tranchans.

Vous apportez, pour nous entendre,
Vos passions, vos préjugés ;
Vous laissez en vain se défendre
Ceux qui d'avance sont jugés.

Vous dormez lorsque l'innocence
Confond votre sévérité ;
Votre réveil est la sentence
Qui fait gémir la vérité.

Mais, d'un sourire si paisible,
Quel mot avez-vous prononcé ?
A signer l'arrêt inflexible,
Non, vous n'avez point balancé.

Dieu , dans le pardon du coupable ,
Compte pour vertu le remord : —
Et vous , d'un front inexorable ,
La Mort , répétez-vous... la Mort.

Et ce don plus cher que la vie ,
Qu'en naissant l'homme obtient des cieux ,
Des biens le plus digne d'envie ,
Des trésors le plus précieux,

La liberté !... Quand l'avarice ,
L'usure, la duplicité ,
S'arment d'une audace complice ,
Vous immolez la Liberté,

Au fils on arrache son père :
Fille, épouse sans protecteur,
La faim , l'abandon , la misère ,
Secondent un vil corrupteur.....

Entrez dans ces tombes vivantes
Où vous plongez des malheureux ,
Et de leurs tortures si lentes
Comptez les instans douloureux.

Que les cris de tant de victimes
Vous livrent au sort irrité !
Par des châtimens légitimes
Expiez votre iniquité !

Dormez... Mais qu'un spectre effroyable
Trouble votre esprit éperdu !
Que sur votre tête coupable
Un glaive reste suspendu !

Celui que le vulgaire abhorre ,
Dont l'aspect seul est odieux ,
Ministre du trépas , ignore
Le sang qu'il répand à nos yeux ;

Il exécute..... aussi stupide
Que la hache des échafauds :
— Oui, l'arrêt seul est homicide,

. . . . !

Le Printems

DU

PRISONNIER.

Le Printems du Prisonnier.

Déjà de mai la riante parure
Pour les plaisirs vient d'embellir nos bords,
Et le soleil, amant de la nature,
A dans son sein fécondé ses trésors.
A ma prison il daigne aussi sourire,
Mais ses regards me font bien plus souffrir...
A ton réveil, je m'attriste et soupire:
Astre si doux, me feras-tu mourir?

Toi qui de l'ame entretiens la jeunesse,
Toi dont le baume adoucit les douleurs,
O poésie! aimable Enchanteresse,
Viens : sur mes fers tu jetteras des fleurs...
Mais écartons de trompeuses images ;
Tu ne saurais ici me secourir :
Sans liberté, sans gazon, sans ombrages,
Tes doux accords, hélas! me font mourir.

Plus que jamais, dans son étroite cage,
Je n'aime point à voir l'oiseau captif :
Pourtant, il chante encor dans l'esclavage,
Et, moi, je forme à peine un chant plaintif !
Hôtes des airs, vous dont le vol s'arrête
Près des barreaux où j'apprends à gémir,
Dérobez-vous à ma vue inquiète :
Vos doux amours, vos chants me font mourir.

Au fer jaloux dont la sombre barrière
De nos cachots a redoublé l'horreur,
Sur la fenêtre, une fleur printanière
Vient quelquefois marier sa fraîcheur.

Une prison ne peut être embellie :
En vain la rose à mes yeux vient s'offrir ;
Emblème heureux des plaisirs de la vie,
Tes doux parfums, rose, me font mourir.

Séjour hideux que la misère assiége,
Ton seul aspect bannit la volupté,
Fille du ciel, que la pudeur protége,
Sœur du mystère et de la liberté.
Ah ! loin de moi demeure, ô toi que j'aime !
Sous les verroux seul il vaut mieux souffrir :
De tes chagrins bien plus triste moi-même,
D'un doux baiser tu me ferais mourir.

Hymne.

Hymne.

———

O religion bienfaisante,
Viens consoler l'humanité ;
Simple, sublime et rayonnante
Des attraits de la liberté !
Un lâche et stupide égoïsme
Veut immoler au despotisme
Les vertus, l'honneur et nos droits :
Aux Césars payant notre hommage,
Tu ne peux fonder l'esclavage,
Quand tu deviens l'appui des lois !

Liberté, que ta voix sacrée
Ranime le cœur des mortels;
Par toi qu'une offrande épurée
Désormais pare les autels!
Mère du dévoûment sublime,
A ton aspect frémit le crime
Dans les replis des cœurs pervers.
Repousse à jamais l'anarchie,
Et montre dans la monarchie
Un saint ombrage, et non des fers!

O peuple généreux et brave,
Né pour la gloire et les vertus,
Français, tu ne peux être esclave :
Les préjugés sont abattus.
En vain les amans des ténèbres
Poussent encor des cris funèbres,
Fiers de leur règne mensonger :
Déjà l'horizon se colore,
Et l'astre annoncé par l'aurore
Dissipe un brouillard passager.

Qu'une religion servile
Rive les fers des musulmans :
C'est aux clartés de l'évangile
Que sont foudroyés les tyrans.
Le monde n'a point fait naufrage :
La vérité plane et surnage,
Le flambeau des lettres survit ;
Et si l'esclavage conspire
La chute d'un antique empire,
La liberté le rajeunit.

Cette onde qui de sa source
Épanche au loin les trésors,
Si vous retardiez sa course,
Pourrait désoler ses bords.
Le feu qui, de sa puissance
En modérant l'influence,
Anime, échauffe, produit ;
Captif au sein de la terre,
Y préparant le tonnerre,
Soudain nous livre la guerre,
Éclate, frappe, détruit !

Du vieil ordre politique
En retranchant les erreurs,
Qu'un nouvel âge s'applique
A reconstruire les mœurs !
Si , d'un branchage infertile,
Du fer la rigueur utile
Dégage un arbre puissant,
Il couronne encor sa tête,
Et , défiant la tempête,
Offre à la rustique fête
Son ombrage renaissant.

TABLE.

TABLE.

DE LA TRAITE DES BLANCS.

TABLE DES POÉSIES.

FIN.

www.ingramcontent.com/pod-product-compliance
Lightning Source LLC
LaVergne TN
LVHW051023200726
843508LV00001B/261